看到并看见

如何成为一个犀利的人

高原◎著

江苏人民出版社

图书在版编目（CIP）数据

看到并看见：如何成为一个犀利的人 / 高原著. --
南京：江苏人民出版社, 2017.8
ISBN 978-7-214-21144-6

Ⅰ. ①看… Ⅱ. ①高… Ⅲ. ①判断力－通俗读物
Ⅳ. ①B017-49

中国版本图书馆CIP数据核字（2017）第193849号

书　　名	看到并看见：如何成为一个犀利的人
著　　者	高　原
责任编辑	石　路
装帧设计	琥珀视觉
版式设计	书情文化
出版发行	江苏人民出版社
出版社地址	南京市湖南路1号A楼，邮编：210009
出版社网址	http://www.jspph.com
印　　刷	北京中印联印务有限公司
开　　本	710毫米×1000毫米　1/16
印　　张	13
字　　数	185千字
版　　次	2017年10月第1版　2017年10月第1次印刷
标准书号	ISBN 978-7-214-21144-6
定　　价	39.80元

Preface
序

我撰写本书的最初动机，是公司的首席执行官史密斯对韦纳（B.Weiner）的"归因理论"的批判："强调稳定和可控性的思维是如何让我们的头脑变得僵化教条的，判断和选择的能力以怎样的方式衰退？"

我和他都相信，本书的内容能够帮助人们培养并提升直接高效的判断力——排除纷杂无用的信息，摆脱对经验的依赖，第一时间洞见事物的本质，从而做出更优的选择，改善其生活，并创新性地拓展我们的思考空间。

这本书中的内容有很强的实用价值，因为我们搜集、提供了大约 48 家全球知名企业的成功领导者的决策案例以及大量的和我们今天的生活息息相关的故事。我们可以一起看看他们是如何在复杂的环境下搜集信息、分析问题并得出正确见解的。

当然，本书并没有倡导你应该摒弃传统的"经验型判断"，这源于经验在某种程度上是我们产生直观洞见的基础。经验是选择的依据，是决策的参考，甚至构成了人应对生活、工作和一切事物的本能的反应机制。许多人拥有数年的针对性的实践——他们在完成了相当全面的心理学、逆向思维的专业培训后，仍然经常抱怨：

> "一个人要完全跳出经验的'陷阱'，或摆脱多样化信息的干扰似乎是不可能的，在复杂多变化的环境中，犀利的洞见能力是遥不

可及的目标。”

出现这种情况的原因在于，人们情不自禁地将昨天的经验和对未来的判断放到了对立的位置上。这好像十分符合我们的直觉与本能，人们在学习新的“经验”时，总试图让它覆盖旧的部分。在网络时代，新的经验正层出不穷，人们也因此更加频繁地怀疑过去。毫无疑问，这对思考造成了新的干扰。

环境总在发生变化，很多思考的方法正变得不那么合乎时宜，这包括做出判断的方式。要想在新的环境中继续取得成功，我们都需要重新对待“如何思考与判断”的问题。我们每天睁开眼睛，面临的都是一个正无限增长的信息海。信息以前所未有的数量、方式和速度冲击着我们的大脑。我们也正经历一个价值观光怪陆离的时代，拥有比过去更多的选项。正因如此，我们发现越来越难以看到问题的本质，在纷繁的变化中快速寻找到正确的答案。

> 每个人都应该拥有“洞见”的力量——它是人对于事物的最直接和最有效的判断能力——它绕开了经验法则，但又严格遵循事物的规律。简单地说，它将我们的分析型思维与由直觉产生的才能充分结合起来，对问题进行创新性的思考并做出更为准确的判断。

如果人类历史上从来没有拥有过这种能力，后果是很难想象的。人类社会的领袖人物多次凭借天才般的洞见力挽救了我们的文明，并且推动了各个行业的突破性革命，或者改变了历史的进程。假如仅凭经验的推断，这些“奇迹”都是不可能发生的，因为它们太违反常识了。

一直以来，人们都认为理性是最高等级的思维与判断形式。它建立在复杂的逻辑能力和经验归纳的基础上，并且依托于环境中不同信息的支持。但实际上，最优秀的企业家经常凭借“突然的直觉”做出伟大而犀利的决策。他们的判断基于理性，但又超越理性，乃至达到一种不可思议的神性的思维，展示了出众的判断力。经验的理性和思维的创新有时会表现出冲突的一面，因为理性永远在追求“结果导向”，而创新则要求我们最大限度地忽略“不确定性”，大胆地寻求突破。这就像相对论与量子力学的搏斗。

直观的洞见会比理性的经验更能让你做出明智的决定？史蒂夫·乔布斯和沃伦·巴菲特等商业天才都会告诉你这是已经发生的事实。同时，我们在生活中的一些“并不愉快的体验”也会督促我们加强自己的洞见力。开启这堂课，就是在与我们浮躁、冒进、轻率、情绪化与左摇右摆的头脑告别，对我们的思维和判断的能力进行一次彻底的优化。

1. 洞见是理性得以升华的思维逻辑：基于一种缜密高效的“思维优化”，我们简化对事物做出判断的过程，从而快速地获得最有效的结果。

2. 洞见是直觉超越经验的思考结果：它通常取决于我们对待事物的心态，以及是否受到经验的束缚。如果直觉幸运地占了上风，你会取得意料之外的结果，它将大大缩短经验替代你计算好结果的时间。

3. 洞见是将理性逻辑运用于灵感和创新的推导过程：它能帮助我们产生远见和新颖的想法，激发头脑的创新能力。当你有意识地开发直觉与逻辑的结合区域时，在事物分析、战略策划等领域就拥有了超前的判断能力。

简而言之，洞见不是“定论未来”，而是“感知未来”。

感知“已经发生的未来”

我们今天的生活、工作和任何一件事情的处理方式正发生奇妙的变化。你会发现互联网在过去的10年中彻底改变了信息的流通方式，让这个世界变得更透明了。与此同时，我们也看到了机遇和问题的同步产生。例如，一家很不起眼的企业是如何在3-5年内成长为世界级公司的？这在20年前无法想象，但在信息时代则显得稀松平常。对人的头脑而言，信息具有无限的价值，同时也具有无限的杀伤力。

今天这个时代，可以让人们更轻易地看到未来，因此有越来越多的人正成为坚定的“未来主义者”。他们觉得自己很聪明，对自己的判断力充满了自信，在不同的地方预测未来，并用各种方式计算自己的成功概率。

不过，他们总是对已经发生、尚未明显的“重要事件”毫不为意。未来主义者永远都在对明天做出判断，但却没有关注到那些“已发生事实”中的要义——它们恰恰是我们解读未来的关键：洞察尚未发生的变化是多么的重要！因为机会往往隐藏在我们的背后，而不是触手可及的脚下。

有时人们会感觉到，当经验要求自己继续向前走时，直觉却请求他停下来，让他把握当前的机会。开发自己的洞见能力，即是使我们有机会以最快的速度感知到“这个世界究竟在发生哪些变化”，或者“我们刚才犯下了哪些错误”，并且制定一系列的策略来观察、分析并捕捉这些变化，实施最有力的计划。

基于洞见的“判断力指南”

看清事物的本质、把握即将和已经出现的“变化”是一种特殊的本领。它既属于经验与理性的范畴，又被我们的大脑中某些直观的反应所控制。本书会将“判断”与“决策”两个密切相关的领域统一起来，阐述如何在复杂的情势下获取相应的洞见能力，改善自己的判断和决策能力。

这会解决我们正面临的许多问题。比如：

· 为何有些问题我们过去照方抓药很快解决，今天却“越分析越混乱”？

· 为何“愚蠢的错误”总是在重复，而没有及时踩下刹车？

· 怎样认定“明知山有虎、偏向虎山行”的偏执决定是正确，还是谬误？

· 在铺天盖地的网络信息、各种立场的解读与诱导性的新闻中，如何快速发现真相，得出那个最贴近真实的“解”？

- 如何不被表象迷惑，而洞察本质？
- 如何在行动之初即看到未来？
- 如何发现自我真正想要的东西，并且制订有效的计划？

是否拥有这种能力，将会影响到我们的一生。学习并提高这种洞见的能力，将使我们在生活和工作中受益无穷。它是我们对待生活最直观的智慧，对待未来最犀利的力量，可以帮助我们拨云见日，恢复思考本来的理性，洞察事物的本质，把握未来的趋势。

Contents

目录

第一章

洞见：判断的才能

人们总是倾向于考虑事情发生的“可能原因”，尽快找到一个答案。人们遵循“归因逻辑”做出的判断，除了基于我们现有的信息之外，一直充满主观色彩。从主观角度对于原因的挖掘很容易得出一些似是而非的东西，比如倾向性、偏见等会为我们制造能带来慰藉的原因。

一、“做选择”之前的能力

有些人经常把“凭借直觉或本能产生的选择”与“理性的直观判断”混为一谈，甚至在知名企业的高管身上也时有发生。

当优派集团（View Sonic）市场开发部门的新任主管 Jack Yu 空降到核桃市时，他奉命而来，寻求维持公司的市场竞争力的方法。尽管优派早在十几年前就收购了诺基亚的显示器业务，但市场的扩张步伐并没有计划中的那么顺利。公司每年有大量的预算投放到了见效尚不明显的业务上，每项投资的收益表看上去都很不“漂亮”。

看到这种情况，Jack Yu 觉得很糟糕。他迅速做出了判断，通过有力的手段缩减市场部门的大部分项目，把节省出来的钱投到了最基本的业务上。

但是，收效明显的做法未必就是一个好主意。市场部门的资金缩水导致了公司的一大批骨干人才跳槽。这些人靠市场开发吃饭，但又不亲自卖东西。部门没有预算，就意味着他们没有收入。他们需要找一个能够发挥才能，同时填饱肚子的地方，而且他们对未来有着不一样的预测。Jack Yu 的直觉告诉他，公司必须省钱，这是基于结果导向的判断，而市场开发人员的思维则着眼于 10 年后或者 20 年后——他们更像是长期市场价值和宏大经营蓝图的维护者。

Jack Yu 与市场部的下属陷入了一场持续的冷战，双方势如水火，互相仇恨。这也对他造成了巨大的困惑：“我的判断是错误的吗？”在做出选择之前，Jack Yu 是否已意识到这一系列的连锁反应？

经验告诉他，这么做是没错的。但从事实的角度看，Jack Yu 也许并不适合呆在这个位置上。理性的逻辑思维要求他站在结果的角度考虑问题，可这无法保证优派集团在新的经济环境中取得成功。他没有发现“隐藏在问题下面”的问题。

在过去几千年的历史中，发明家和科学家为人类创造了无数的奇迹，也留下了一个谜团：这些奇迹是怎样创造出来的？这是经验的结果还是“直觉的胜利”？奇迹的背后隐藏着什么秘密？显然，他们对事物的观察都具有超人的能力，并在自己的思维程序中储存了惊人的能量，凭借理性的直觉与突然爆发的创造力，才实现了这些普通人无法企及的成就。

这些年来我们的研究发现，随着生活环境的变化和商业模式的变革，尤其在互联网为主体的信息社会，旧的思维模式已不足以支撑起我们对未来做出有效的判断。我们很多人都像 Jack Yu 一样，年复一年地用陈旧的观念思考与判断今天的问题。与人们强烈地改变现实、获取成功的需要一样，人们也需要提高自己对于复杂事物的洞察和决策能力。

从这一点来说，洞见代表的是一种“直观判断的才能”，我们每个人都希望可以超越直觉并做出直接快速和正确的判断。我甚至发现自己对此也有强烈的需求；它是感性的，但又以理性为基础；它有着严密的逻辑分析，但又具备创新的基因，对客观事物的判断是直接和生动的，也是精确、犀利和具有突破性的。

人的直觉在多数时候都是出于本能和经验在第一时间产生的判断——它没有经过分析推理，或者是推理过度——也很少对未来做出穿透性的预见，它总是严格地遵循“结果导向”的逻辑。比如，人在驾车行驶时看见横向闯出的阻碍物会突然踩一脚刹车，而不是降低行车速度绕过障碍物。这和股民在发现股价暴跌时立刻仓皇出逃而不是低价买进的行为异曲同工。这时，直觉或经验的反应总是基于人的“安全本能”。对大多数人来说，要改变这一模式实在是太难了。

二、为什么要警惕“归因理论”？

人们作为社会的参与者同时也是观察者，经常会做一件事情，那就是喜欢追究一些现象的成因，尤其当这些现象与自己有关或者非常感兴趣时：

· 我的男 / 女朋友为什么会跟我分手？
· 我为什么会被公司解雇？
· 陈冠希为什么骂林志玲？

所有的这些疑惑集合起来，是一支考验人的判断力的军队。你不能给出一个结论，它们就会吞噬你。因此，人们总是倾向于考虑事情发生的“可能原因”，尽快找到一个答案。归因理论应运而生，帮助人们对于现实问题进行“因果解释”。

有果必有因，但改变一件事物、造成一个问题的原因真的“十分重要”吗？人的洞察能力和对于人生活最直观的感悟，是否一定在此处体现？

内在还是外在的“原因”？

哈佛大学的一位心理学家说：“人们进行归因的一个主导性的问题，是发现行为的原因在于人还是在于情境。如果将原因归于前者，则意味着人本身的人格起到了重要作用，是属于内在或倾向性的归因，这样的人喜欢反思自我；而将原因归于后者，则意味着情境中的社会关系、社会冲突等外在的归因起到了关键作用，他们喜欢从外部环境中寻找原因。”

这两种不同的思考模式决定了一个人对于问题的两种判断方向。比如，面对被公司解雇的问题，人们可能会认为这是由于：

· 我最近业绩太差（不稳定的内因）。
· 我的学习能力不行（稳定的内因）。
· 这份工作太难了（稳定的外因）。
· 上司是个混蛋，专门针对我（不稳定的外因）。

不同的“归因方式”，影响你在未来会怎样面对这一行为。更重要的是，它影响我们对待同一件事具备什么类型的判断模式，以及采取何种应对方式。

假如你是悲观的，不论你是归因于自己还是外部环境，你都会认为自己经历的一切都是“消极而无法改变”的。你认为失败的原因是稳定而且整体的，环境和个人的因素在其中无论起了多大的作用，失败都不会变化，而且会一直持续下去。

假如你是乐观的，失败的原因（内在或外在）是特定、暂时和不稳定的，你倾向于改变这些不利因素，认为下次努力就可以做得更好。那么，这次挫折对于你的判断不会造成重大的影响，会很快雨过天晴。

但是，请再考虑这个假设性的问题：“你向一位喜欢已久的异性提出约会的邀请，你为这场约会筹划许久，志在必得，却被拒绝了。你会在内因和外因之间做出怎样的选择呢？”

这类问题对我们的判断能力是更大的考验，也许还是很多人的生活中经常发生的。有趣的是，我们发现在用行为解答“约会被拒绝”的挫折时，即便是后来很成功的人也会犯下一些愚蠢的错误。

当你试图解释这一行为和判断造成这一结果的原因时，有三个方面的信息很关键：

第一，拒绝的区别性：对方的行为是针对你，还是同时期提出约会邀请的所有人？（该行为是否是特定情境下的具体行为）

第二，拒绝的一贯性：对方是否反复拒绝了你？当你提出约会邀请时，他（她）在过去也拒绝过你？（该行为是否是对同一情境的反复回应）

第三，拒绝的一致性：除了他（她）以外，其他人是否也拒绝了你的邀请？（除去你喜欢的人，其他人在同样的情境下对你也有同样的行为）

只有综合地分析这三个方面的信息，你才能做出一个最接近真相的判断，得出一个你喜欢或不喜欢的“原因”——他（她）临时有事情或心情不好，不愿赴约；他（她）真的不喜欢你，对你没有兴趣。

警惕“归因逻辑”对判断的误导

人们遵循“归因逻辑”做出的判断，除了基于我们现有的信息之外，一直充满主观色彩。从主观角度对于原因的挖掘很容易得出一些似是而非的东西，比如倾向性、偏见等会为我们制造能带来慰藉的原因：

“不是我没有魅力，而是他（她）看不到我的优点！”

“不是我工作能力差，而是上司狗眼看人低！”

这时就容易导致归因错误。人们在现实中分析某一行为的原因时倾向于高估内在因素而低估外在因素。即，人们总是高估自己，由此对现实和真相失去洞察。

参与了哈佛大学多期公开课节目录制的一位教授说：“洞见的本质是一种直观的智慧。它的内涵是，在对事物做出判断时不要急于寻找某种显而易见的原因，而是要直达问题的核心。洞察你和这个世界的关系，然后再做出选择。”

有很多人都将他们的成功归因于自己，将失败归因于环境。就是说，在许多的情境中，人们倾向于对成功作内在的归因，却对失败作外在归因。他们和世界之间是一种单向封闭的关系，也是自利性的思考逻辑。在群体中，他们会将一个集体（部门）的成功归因于自己，而将失败归因于其他人。

像这样一味地寻找事物的原因当然会让你心安理得，但同时却会让你在错误的轨道上越走越远。

三、洞察世界本质的5把钥匙

直观的分析——绕开经验的逻辑

在这个互联网时代，获取信息变得更为便捷的同时也让我们的专注力、思考能力和反省的能力变得虚弱和碎片化。用一句危言耸听的话说就是——“互联网正在让人们的大脑变得愚蠢。”信息越多，我们反而越看不到，也看不见。在这其中，经验起到了推波助澜的坏作用。

逻辑悖论的祖师爷、古希腊哲学家芝诺（Zeno of Elea）曾经提出“阿喀琉斯追逐乌龟”的悖论：

> 古希腊跑得最快的英雄级人物是阿喀琉斯，他跑步的速度是乌龟的 10 倍。但只要让乌龟先起跑 100 米，那么阿喀琉斯永远也追不上这只乌龟。因为在阿喀琉斯追逐乌龟的过程中，乌龟也在爬行。当阿喀琉斯到达乌龟出发的地点时，此时乌龟已经又向前爬了 10 米，于是阿喀琉斯又要开始重新追逐；当阿喀琉斯到达这个 10 米位置时，乌龟又向前爬了 1 米。这样乌龟便制造了无数个起点，它总能在阿喀琉斯和自己间制造一个距离，不管这个距离有多小，只要乌龟不停地奋力向前爬，阿喀琉斯就永远也追不上这只乌龟！

当然，今天的我们看这个逻辑悖论可以很清楚明了地说一句：芝诺不懂微积分，不懂连续性，不懂无限数列……他的直觉也十分清楚，阿喀琉斯是可以轻松追上乌龟的。然而在当时来说，芝诺悖论的论证过程没有什么好的工具来破解。因为这个论证的逻辑是一道“经验之墙”，理性的经验在这里会走进一条死胡同。

在现实生活中，我们也会面临类似的问题。如果无法用经验性的逻辑理论来论证，就会变得棘手而且无法处理。这个时候，要洞见问题的本质，我们需要具备直观的能力，即“直观分析法”。

人的直观能力可以分为两部分：第一是直觉，第二是洞察。两者结合起来，就是我们要实现的直观分析法。其中“直观”一词的含义，是由个体本身作为条件反射的对象，没有其他。通俗地说，就是一种条件反射式的准确判断。

作为组成直观能力的两部分，直觉是直观于事物的表象，也可称之为感觉。这就是我们通常讲到的感性认识。洞察则是直观于事物的内质，这在康德那里称为知性认识的先验。洞察所体现出来的思维能力和经验性的推理是有着明显区别的。康德把洞察称为“知性的先验”。“先验”既然是先在的对于事物本质上的认知，自然是直观于事物的内部本质，即我们事先已经拥有对某一事物本质的认知，而后在接触该事物时就可以直接获得它最终的答案。从这一意义上来说，先验就等同于洞察。

因此，洞察力是人所拥有的一种哲学能力——我们不仅能犀利地看到事物的本质，还能看到它动态的演化原理。知道它是什么，也知道它是怎么形成的，并且知道它未来的变化。洞察力既有来自于对经验的综合和归纳，也有来自理性思维提炼出来的成果。这是一个从间接向直接进展的意识过程——从复杂的分析推理进化为直观的判断。所以，一个人洞察世界的能力是经过长期思辨和反思才能形成和成熟的。

创造性的主意——看到怎样开始

“创造是什么？”创新咨询公司 Continuum 公司的亚太区总裁温伯华说，“创造是对现实的改造，它和创新是不同的。创新可以不用了解过去，但创造需要。你必须能够看到问题是怎么开始的，看到现实是如何形成的，你要清楚地知道已经发生的一切细节。”

大部分的时间，人们总是试图在抽象的层面分析自己无从下手的事物。这是一种普遍性的习惯，当你不懂一个问题时，你就会把它设想得十分抽象。这么做的优点是，你能看到更多的可能性，好像已经找到了无数条道路。但缺点是，你并不知道哪一条道路才是正确的。所以，就像我们看到的那些在讲台上夸夸其谈的知识分子一样，他们无法创造未来。

在洞察的源头，我们需要认真观察生活中的矛盾——基于现实的矛盾，分析不同需求之间的联系——妻子和情人的冲突、同事 A 和同事 B 的利益交集、事业和家庭的关系等。生活中任何两件事情之间都不是孤立的。如果你不能看到它们的源头，你就没有办法对自己的生活形成创造性的认识。

觉悟的技能——看到怎样结束

只有觉悟，才能洞察。也只有觉悟，才能形成直观的智慧。但是，什么才是觉悟呢？有个人加班到凌晨 1 点，又跑到酒吧鬼混到黎明时分，然后跑来跟你说："我觉得生活没有意义，赚再多的钱都逃不过生老病死，还不如今朝有酒今朝醉。"他看到了每个人人生的结束，但这显然不是觉悟。觉悟是我们在观察人、生活和商业的行为后，可以形成一些直接而有效的方法论来解释和预测这些行为。

从过去中洞悉未来，未来并非不可预测。当你能预测未来时，你便拥有了觉悟的能力，这是我们必须具备的对世界的态度。一个富有"洞见"的人，要能够跳出局限，看到全局，要清醒而且积极地迎接自己的明天。

思维的路径——创建全新的系统

举例来说，股神巴菲特需要思考多少个问题才能做出一个投资决策，他是如何判断一支股票是否值得购买的？答案可能无从揭晓。但与巴菲特合作长达 40 年之久的查理 · 芒格却说："巴菲特平均思考 492 个问题才做出一个决策，这和我一样。"

一个高效直接的思维路径总是具有丰富的容量。我们要列出一长串的问题清单，经历复杂的思考才能产生洞见和犀利的认识。这一点都不轻松，大量的繁重工作被大脑承担了，而你可能没有意识到。你以为聪明人特别容易就看到了一个问题，不过是因为你没有看到他思考这一问题的复杂过程。

有一个调查显示：在涉及重大决定——比如因工作需要而搬迁到另一座城市时，年收入5元万到20万元之间的群体平均每45分钟做出一项选择；年收入20万元到100万元的群体平均每2个小时做出一项选择；年收入100万元以上的群体每做出一项选择所花费的时间则达到了1天以上。人们可能需要花费几周的时间综合考虑这样的问题，但真正用于权衡利弊的时间少之又少。

由此可见，一般人在问题面前的思考是多么轻率而浮浅——很少有人会思考如此多的问题，即便这些问题价值连城或者对自己的命运生死攸关。不论是搬迁还是买股票，洞察问题的本质都依赖于一个思维的路径。越是简单的智慧就越不容易把握。看上去更像接近真理却极为抽象的"大道理"，对我们来说做出决定的依据总是模糊的。

比如，你会考虑如下问题：

- "那座城市的空气质量如何？"
- "交通和教育符合我的要求吗？"
- "房价我能否承受？"
- "我的另一半是否同意？"

相信我，你在做决定时一定会把这些问题列入自己的决策系统，你所依赖的不会是下面这些不确定的可能性：

- "这份工作未来的前景，是否值得我离开当前的城市？"
- "我对未来的职业规划支持这个决定吗？"

实际上，这才是真正影响未来的问题，但人们很少愿意在做决定时认真地考虑它们——当然，它们会一直挂在嘴边，写在推特、微博或各自的网络日志中。要做出正确的判断，你必须把一个大问题分解成更容易理解的小问题。这样你就能领会巴菲特的思考方法，学着像“投资之神”一样思考：通过务实的问题清单来创建全新的思维路径，建立一个精确的系统。问题清单不仅可以用于决定购买哪只股票，当你在生活的十字路口前犹豫不决时，也可以列出一长串的问题来作为权衡与选择的准则。

有些人在自己的生活和事业中将“优秀”这个词诠释到了极致。卓越的人物不管是思考还是行动都是优秀的代名词，但我不相信这是不靠“时间积累的努力”就能轻易实现的成功。就像人的判断力一样，它是一种不断磨炼和尝试才会成熟的能力。即便你获取了一个高效的思维路径，把所有的相关问题都思考了一遍，还是可能出现决策失误。因为我们生活中的每一个问题本身都是一个决策，缺乏足够历练的人很可能在中途就出错。而且，执行永远是决策的陷阱。执行的效果验证我们的判断力，人们往往在执行的过程中不自觉地偏离初衷。

没有人会介意变得更聪明，但思维的犀利不是与生俱来的，也不能在个人的头脑中自发形成，而是我们后天学习与培养的结果。你应该相信自己永远会做得更好，并且形成一套自己的积极的思维模式，跳出常识来看待世界，你就能看到不一样的东西。

通达的智慧——看到最终命运

哲学家笛卡儿认为，知识来源于心灵的直观。心灵的直观是“真知”的来源，也是实现通达的保证。通达就是洞察这个世界的第 5 把钥匙，是判断力的最高境界，是通往智慧的必由之路。

第一，通达是顿悟。面对挫折和坎坷，能够释然；面对成功和荣誉，能够自制；面对变故与起伏，能够坚定。

第二，通达是淡泊。当一个人可以控制自己的欲望与野心时，看待事物就有了别样的心态。淡泊名利，就能通达，看到世界的本质，洞察事物的规律。

能够通达命运真相的人，不会去追求那些会让人无可奈何、无力触及的东西。当我们的生活中少了幻想，多了宁静，少了躁动，多了平和，洞察力就可以像肌肉一样进行训练和提升，心无所往，波澜不惊，你就能看到事物的真相。

四、洞见是“直觉”吗？

在思维学领域，直觉与洞见的关系就像车胎与方向盘之间的奇妙联系，我们能清楚地感知到车胎和地面的摩擦，判断路况，把握速度，但控制高速行驶的汽车还需要其他很多部件的协作。有时候，胡思乱想所产生的灵感也是一种直觉，但它不能称为犀利的洞见。

简而言之，洞见的体现方式是“超理性的判断力”，我们也可以称之为直观力。它不仅包括看、听与触摸等身体性的感受，而且也包括心灵、经验、观念等思想的集合体对于理念或者事物的直觉，它是一个人观照事物的最高级的能力。

所以，洞见并不是“直觉”。人们在日常生活中的目光总是被观念和偏见覆盖，看一个新问题时先想到的是无数个旧问题，因此并不能真正客观地看到事物的本身。也就是说，对于大部分人、大多数时刻而言，人们思考问题时凭借的仅是对现成经验的复制、抄袭和模仿，正如同我们会从小说和电影中抄袭那些不断重复的情感一样。

这表明，如果你要获得最犀利、客观的洞见，首先要摆脱对于偏见和经验的依赖，暂时停止思考，让思想呈现空闲状态，让事物不经任何加工地渗透进来。其次，你要将各种已有的知识、习惯搁置到思想的边缘，同它们脱离接触。这时，你看到的就是原生态的信息。你会正眼去看它，会让大脑直接跟它接触，而不是交给记忆库中的程序来解决。

直觉在此时派上了用场。但是，这种直觉本身必须同时是高度专注的，我们要凝视眼前的问题，表现出极致的思考专注力。

第一，专注是做出任何判断的前提，同时也是高效思考的基础。

我们思考的目的并不在于让人学会现成的知识，或者利用现成的知识对一个事物的变化做出预测——比如明天的股市是涨是跌，而在于使注意力在思考的过程中得到汇聚，使之变得敏锐而集中。洞见的本质就在于这种聚集的能力。要像针尖一样凝视事物，用高度的专注穿透它。

第二，想象力是做出直观判断的内在要素。

同时，想象力也是任何创造的前提，我们的思想借此冲破了现成事物的包围，不受过去的习惯、定式和观念的约束。一种对思考和判断有益的想象力，必须包含事物的细节，充分体现出某种程度的可行性和持久性。这时，我们的判断力开始承担重要的任务。它能将不同事物的细节区分开来，使人辨别对与错、美与丑、善与恶，让想象力进入它应有的路径，朝一个对的方向发挥作用。

第二章

比“笨”更可怕的是“自以为聪明”

一个人的判断力发生错误，往往是在他最得意、最成功的时候。当你认为自己牢牢地掌控局势时，很可能已经好景不长。因为过于精明的人，反而看不到问题的本质。所以，要学会降低自己的定位，遇到任何事情都以一种愚笨的姿态去观察。永远都不要迷信经验。当环境和条件发生变化时，经验这种东西是最靠不住的。我们头脑中对于过去经验的依赖性越强，未来的错误判断可能就越多。

一、90%的聪明人都是在自我欺骗，还有10%是掷色子

我们是最聪明的人，同时也是最笨的人。行走在社会中，“笨”并不可怕，真正可怕的是自以为很聪明，实际上大脑却空无一物。就是说，把自己表现得很聪明的人，其实才是最笨的人。现实中那些真正的高手，根本不会让人察觉出他们究竟是聪明还是愚笨。

我有一位朋友，现在北京工作。她的第一份工作是秘书，虽说都是端茶倒水、收发邮件和接听电话的工作，但她的运气很好，分到了公司总经理的身边。这是一个让人眼红的位置。

起初，总经理秘书的职位让她拥有了很多特权，大家对她青眼相看，节日礼物也少不了她的一份。时间一久，年纪轻轻的她便飘飘然起来，认为自己具备了某种地位和影响力，开始假传圣旨，狐假虎威，用“总经理说”“总经理表示”这样的话开头，指派其他人给自己工作。她当时觉得自己特别聪明，轻轻松松让别人完成她自己本该完成的工作。毕竟不可能所有人都跑到总经理面前，询问总经理是否说过类似的话吧？

于是，她开始并且爱上了这种“拿着鸡毛当令箭”的生活，悠闲惬意又屡试不爽，直到有一天突然翻船。

那天，她照旧假借总经理的要求，让一个部门总管提供某个项目的报告，并妥善整理，翔实地记录。坦白地讲，整理资料这种活，本来就是她作为秘书的责任，但她已经偷懒偷习惯了，认为这次也应该可以过关。

未曾想到的是，部门总管是一个经验丰富的女强人。她当场一个电话打到总经理那里，对着总经理委婉地说，自己忙不过来，请求找其他人来整理该项目的资料。放下电话，部门总管眯着眼看着她，把资料扔到了她的面前。这时她满脸通红，惊恐地发现自己严重误判了形势。

她不记得自己是怎么走出这位主管办公室的，也不记得总经理后来说了

她什么，但她永远明白了一个道理——不要自作聪明。

朋友说：“这对我的事业是一次重大的教训。我开始认识到，一个人的判断力发生错误，往往是在他最得意、最成功的时候。当你认为自己牢牢地掌控局势时，很可能已经好景不长。所以，从那时起我变成了一个笨蛋，遇到任何事我都会以一种愚笨的姿态去观察。几年下来，我发现自己越来越眼明心亮，看待事物不再那么浮躁。”

真正的聪明是“脚踏实地”，不是“爱出风头”

合伙人史密斯有一次说：“聪明绝顶的人本就不见得招人喜欢，自作聪明者更是让人厌恶。”他带领自己的项目小组用缩短三分之一周期的速度完成与 IBM 加州分公司的合作后，就永久删掉了 IBM 加州区市场主管 Richard Shaw 的电话号码。史密斯认为那是一个以为自己聪明其实蠢到顶的家伙。

“在场的所有人都清楚合同条款是怎么回事，要知道每个人都身经百战，不知经手过多少次这样的合作，他却在每次的项目沟通会上都要拿出 30 分钟以上的时间在这些条款上喋喋不休，好像只有他自己知道那些规定是怎么回事。他不懂技术，却总喜欢提出一些不切实际的要求，并且认为这是很容易实现的。”

这恰恰是因为 Richard Shaw 先生还不够聪明，优越的地位使他高估了自己的能力，也使其在商业合作中被置于危险的境地。因为真正的聪明人是不会在心里有这种自以为是的想法和强势的态度，他们反而更为务实。踏实和低调是聪明人的显著特征。他们可能智力不高，但却拥有最强的心智与犀利的判断力。

所以，深刻的洞见力总是能够体现为外在的沉稳。

普朗克是举世知名的物理学家，更是 1918 年诺贝尔物理学奖的获得者。提起普朗克尺度，研究物理的人无人不晓。成名以后，普朗克每日游走于各大学院宣传他的理论。一段时间后，给他开车的司机很得意地表示：

“先生，你这每次讲的内容都一样，我都背得滚瓜烂熟了，我看我也能上台讲。”

普朗克哈哈一笑，同意了司机的玩笑提议，在下一场讲座时便要司机上台。和观众隔着一段距离，司机原封不动将普朗克的理论讲述出来。

谁知，演讲结束后的提问环节，司机却突然漏了馅。面对台下众多学者的专业提问，司机答不出个所以然，只能悻悻地要求普朗克上台。

这个故事的真假先不说，至少告诉我们一个道理：你看到了一个道理，未必就等于看透了，也不等于你就看见它是怎么发生的。这个世界上大多数的人都能看到，但却看不见内在的根源。所以对普朗克的司机来说，没有实力还去表演，就是自作聪明，很容易被人戳穿。这世界不缺聪明人，缺的是肯脚踏实地的老实人。

有句话说：人要熬，井要掏，知世故而不世故，才是最好。这句话用在人的头脑上，就是必须适当有一些变笨的觉悟。只有“变笨”了，你才能为大脑腾出足够的空间，去思考那些厚重的、真正的问题。

这些年来，宫斗剧在国内的电视荧屏上泛滥。人们津津有味地谈论着《甄嬛传》《美人心计》和《芈月传》等电视剧中那些勾心斗角、明争暗斗的情节，迫不及待地从中学习着“厚黑学”。人们觉得那些角色都很聪明，仿佛任何事都能解读出背后的深意，给现实的映射是：在这个灯红酒绿人心不古的社会中，如果不懂得耍点心机，搞点计谋，就只能成为别人的“刀下之鬼”。

有个网友说：“一夜之间，你心中要是没点小九九，就只能等着被人坑、被人骗、做别人的垫脚石，成为炮灰。”

于是人人搞手段，人人装世故。但是结果如其所料吗？却不知世故心机虽然是洞察人心的体现，但如果用力过猛，也容易变成自作聪明，弄巧成拙。

过于精明的人，反而看不见问题的本质

前几年我曾经有一位同事，他在广州分公司的培训部门工作，是公认的一个“非常精明”的人。精明到什么程度呢？有人这样评价：“即使脚下一只蚂蚁爬过，他也能快速地计算出这只蚂蚁对他的生活有没有负面影响。”

比如搬了新家，他的妻子整日在朋友圈中描述买新房的幸福，尽管同事不在他妻子的朋友圈中，但不少人已经知道他搬家的事。人们本想真心地祝贺他，他却搞了一次信息不对称的自作聪明，在这件事上装糊涂：“没有呀！我还穷着呢！怎么可能买新房子呢！”

部门领导家在办丧事，明明被好多人看到他为领导忙前忙后筹备葬礼，就像领导家的仆人，等大家找他讨论慰问金时，他却拿出一副不以为然的态度：“拜托不要找我，我和领导又不熟，你们就不要算我那份了。”久而久之，人们不再愿意与之交流，因为这个人太虚伪了，总是自以为是。

有句话说得好：你的心里在想什么，其实已经完全表现在你的脸上了。你以为别人不知道，其实大家看破不说破。

因此，永远不要把其他人当作傻瓜，别人只是不说出来而已。用力过猛的自作聪明，最后事情做过了头，反而是一种头脑愚蠢的表现。

“聪明”当然不是一种坏品质，因为聪明的头脑可以帮助我们洞见世事。每个人都应该学会聪明，让自己拥有一双明亮的眼睛，一个善于分析事物的头脑，进而懂得生存和发展之道。但也不能自作聪明，似是而非。像我这位同事一样，聪明过了头，就走向了另一个极端。

一位在华尔街的证券行业混迹多年的金牌经纪人说：“在金融行业工作这么多年，我唯一的感受就是觉得自己越来越笨，对市场的了解越来越少，也越来越不敢随便发表意见。现在看到许多新入职的小白脸，他们每日在会议室、在电话边对着别人慷慨激昂地说着一堆连他自己也不懂的市场理论，那种洋洋自得的表情让人作呕。十几年前我也是如此的幼稚可笑！”

真正的洞见力是大智若愚。“才”不外露，不自以为是，才能看到问题的

本质，让自己立于不败之地。

上帝对狼和狐狸说："你们两个只能活一个，猜拳吧，输的那个必须死。"最后，狐狸输了。狼抱着死去的狐狸流泪说道："说好的一起出石头，为什么我出了剪刀，你却出了布？"

真是一个伤心的故事，但这个世上自作聪明的狐狸实在太多了。有些事情明明很简单，却设想得过于复杂。还有一些人，他们是我们身边的普通人，也许就是你的邻居、同一个部门的同事、每年都有来往的亲戚等。他们看起来非常聪明，分析事物头头是道，头脑清晰，知识渊博，但在事业或婚姻家庭中却屡遭挫折。究其原因只有一个，就是"想得太多了"，以为什么都明白，实则南辕北辙。

90% 的聪明人都是在自我欺骗，还有 10% 是掷色子。就是说，没有绝对的真理，也没有 100 分的洞见，首先你必须学会低头、缓步、深思。记住这三个词，只有懂得了如何具备这三种姿态，你才拥有了真正的智慧。

二、经验在哪个阶段变得"不可靠"了？

我们平时大多数的判断都来自于经验。经验很重要，但"经验之墙"如何阻止你一直正确？

很多人都听说过罗素的"火鸡理论"。这个理论讲的是一只火鸡很聪明，它发现只要听到农妇的脚步声，就意味着自己要开饭了。所以它每天都满心期待盼望着，一年 364 天都是这样。这一年到了第 365 天时，火鸡又听到了脚步声，它欢喜着以为自己又要开饭了。没曾想农妇却大步走过来，一把扭断了它的脖子。

随着客观条件的变化，经验的价值会变得越来越小

请冷静地想一想，你在人生的哪一个阶段当过这只被扭断脖子的“火鸡”？在生活和工作中，每个人都有类似的经历，即便是思维最活跃的天才也不例外。

举个简单的例子，在国内开车开习惯了的人到国外某些地区就会突然不习惯，因为有些国家的车道是与中国相反的。国内是上行右、下行左，一些国家则是上行左、下行右。这时若不及时改变过去形成的开车习惯，上路就会有麻烦。

当环境和条件发生变化时，经验这种东西是最靠不住的——哪怕是你长久以来得到的经验。我们头脑中对于过去经验的依赖性越强，未来的错误判断可能就越多。这就是为什么我总对下属和学生说：

“如果一件事情需要用到你的经验，那么先看看具体的情境再做判断。”

经验到底有没有用呢？不可否认，经验一定是有用的，因为经验是我们思考问题时最宝贵的财富。这是一个基本论断，毋庸置疑。从我们的孩童时代起，经验就是我们的引路人。父母的经验、书本的经验、朋友的经验、自己的经验，这些被反复验证过的经验给予了我们最为可行或比较划算的思考、行动的方案，让我们少走许多弯路。但是，随着客观条件的不断变化，比如年龄、环境等各方面因素的动态发展，很多事情都需要我们仔细和重新思考，认真地实践，才能做出精确的判断。

有一个心理学上的小故事讲的是“如何出门”：

有一天，你打算去 1 千米外的超市购物，有三种方案可供选择：首先是步行，大约耗时 30 分钟，不花费金钱。其次是打车，大约耗时 7 分钟，开销在 9 元钱左右。最后一种方法是乘坐公共汽车，大约耗时 15 分钟，仅需 1 元钱。

我相信很多人都会选择坐公共汽车。有时我也会这么做，毕竟 1 千米不是很近的距离，至少得有几站。所以坐公共汽车比打车便宜，又比步行快，

在时间上是一个优先方案。但是谁能想到，等了半个多钟头，公共汽车还是没有来。

你开始陷入后悔和纠结中，等了这么久还不如打车，虽然多花些钱，好在节约时间。就算步行，现在恐怕也已经走到了目的地。事到如今，你会产生一种选择的障碍：我现在是继续等公共汽车，还是打车或步行？

大部分人之所以会选择坐公交，是因为以往的经验告诉我们公交车不会等太久，以及根据行驶时间和成本的计算，人们很容易就能第一时间得出公交车最实惠的结论。可是，根据经验判断作出的选择却带来了更大的损失。因为公交车到你这个站的时间是不确定的，除非你能精确地计算每一个站点的到站时间，然后在公交车即将到站时才来到这个站，否则就无法预测会在等待的过程中浪费多少时间。

很多情况下，依据经验做出选择没有错误，更多情况下都是对自己有利的。譬如接到诈骗电话，经验告诉我们需要避免上当受骗；看到天气阴沉，经验告诉我们应该携带雨伞有备无患。但在更多的情况下，我们需要将经验看作辅助与指导，而不是主要的依据。我们要依靠认真的分析和踏实的实践来做最终的判断，做到“就事论事”，这才是真正的智慧。

毕竟，世界每分每秒都在不停的变化之中，昨天的情况不见得适用于今天，今天的经验也未必适用于明天。固执地一味相信经验，将经验当作不二的法则，做出的决定往往是不那么靠谱的。

年龄越大，头脑受经验的束缚就越大

华为曾经有一条传闻让人颇为震惊。据华为内部沟通网站“心声社区”上的一篇帖子透露，前不久，华为中国区开始集中清理 34 岁以上的工程维护人员，而研发部门则是开始集中清退 40 岁以上的老员工，主要针对程序员。

34 岁以上的员工是经验最丰富的群体，华为疯了吗，要清理掉这些精英？华为显然不是疯了，而是另有原因。对于这一次清理，任正非并没有否认。他在一次讲话中解释说：“华为是没有钱的，大家不奋斗就垮了，不可能为不奋斗者支付什么。30 多岁年轻力壮，不努力，光想躺在床上数钱，可能吗？”

看到这里我们就明白了，任正非认为这些有经验的人开始靠经验吃饭，不再像当年那样奋斗，所以对公司来说这是危险的，也是不能容忍的！

想当年，我们总是听从老一辈人的经验，想尽千方百计进入国企和大公司，认为那是一辈子的铁饭碗。小时候我就有这种想法，最羡慕的是考上中专、大学的邻居家的孩子，因为那意味着能分配工作，有了终生不愁的生存保障。但随着市场经济的发展，今天的社会明显已经不是这样了，不再有铁饭碗，也不再有什么生存保障，人人都要依靠不停的奋斗拼搏。这就是一种“经验的失效”。在工作的定义上，20 年前的经验在今天是完全没有价值的。

所以，记住我这句话——世界上唯一不会变化的事就是变化，经验只能应对简单的事物，而对于复杂事物，经验就只能作为一种参考，不可以完全依靠。

还有一种会随着年龄约束我们思想的经验，是由一些书籍造成的，比如《成功人士的秘籍》《如何成为首富》《富豪是如何养成的？》等教人如何成功、赚钱的鸡汤，太多的人都“爱死了”这类鸡汤，以为成功者的经验自己也可以模仿，却不曾想一下，很多经验其实都是主观见解偏多，而非系统和科学的分析，无法确保在任何环境中都行之有效。在瞬息万变的生活中，昨日的经验，不见得适合今天的情况。对别人来说很靠谱的经验，对你不一定管用。

在小米芯片的发布会上，雷军曾经讲述了这样一件事。他说在研发芯片之前，曾咨询一位芯片行业的专家大牛。这位大牛思考和调研了很久才告诉他：小米做手机芯片必须以 10 亿元人民币的起跑线开始，预计将投入至少 10 亿元美金，还可能准备在 10 年后才有结果。这是一个悲观的预测。然而事实是：从芯片设计、研发、流片再到搭载在手机上进行测试，小米不过花了 17 个月而已。

这么强烈的对比不足以让人震惊吗？为什么专家大牛的理论会和实际情况相差如此悬殊呢？

实际上，是专家的能力有限吗？是专家的水平不行吗？当然不是，而是经验的问题。全世界生产芯片的企业屈指可数，即便是行业内的大牛，他们也只能参考全世界不多的企业，从这些企业的历史中总结一定的模式。这些芯片行业的领头羊们都是从基础开始，在一片荒地上探索开垦，它们当然耗费的时间很久。殊不知，这对后来者是不适用的。随着电子产品技术的飞速发展，再加上小米自身实力的积累，它已经拥有了后发制人的优势，有足够的资本进行跳跃式的发展。因此，专家依据十几年前的经验所做出的判断就失效了。

雷军借此想告诉人们：不要迷信过去的经验，要敢于突破思维定式，你才有机会成功！

利用而不是迷信经验，才能突破“经验之墙”

1. 任何经验的有效都有特定的前提

在这个时代，很多经验已经用不上了。或者说，有时候经验不仅不是一个人的财富，还会成为一个人的负担。我们都不否认经验的价值，但重点就在于如何利用经验，如何使经验的作用最大化。任何经验的有效都是有特定前提的，前提一旦改变，经验也就失效了。

2. 经验可以参考，但不能迷信，因为经验有自己的保质期

对待任何经验丰富的人，即使是所谓的专家和大牛，我们也不能迷信和盲从。前人的经验对于我们而言，只能说是有较大的参考价值，决不能作为我们做事直接的行动指南。一切都需要依据当下的条件考量，来制定自己的策略。过去的经验仅仅是参考。

或者说，当以往的经验失灵时——经验一定会失灵，我们需要打破“经

验之墙”，靠自己踏实的行动去不断试错，不断地调整，找到那个正确的方法。在未来，经验的局限会被不断地放大，没有什么模式是能让人拿过来一劳永逸地依靠的。经验对于人的头脑而言，永远不是永恒的保护伞，它有自己的保质期。

三、“过去的成功”与你的关系

昨天的成功，很可能会为你挖好明天的墓穴。近几年，我在内地结识了很多成功的企业家和公司高管，听他们讲自己过去的故事，感慨崛起的不易，吐槽那些离奇的经历与其中的酸甜苦辣。不得不承认，每个成功人士的背后，都自有其成功的道理。但是，他们在事业发展的过程中，也曾经出现了或轻或重的停滞不前，甚至遭遇重大危机的情况。究其原因，很多人都被往日的成功经验绊住了手脚，以至于做出了严重的错误判断，才使自己及公司陷进了绝境。

一位广州的民营企业家说：“我 20 世纪 80 年代初辞掉单位的工作下海做生意。那时候最赚钱的买卖是什么？当然是跑到广东搞批发啊，服装，电器，有什么买什么，一买就是几车皮，拉到北方有的是人要。我生意的第一桶金就是这么来的。但是 10 年后再这么干就不行了，我第一次生意失败就是因为在 90 年代的市场环境中仍然沿用 80 年代的思路，以为只要有价差就能赚钱，却忽视了用工成本的问题。90 年代是什么时代？是一个拼人工成本的时代，发财的都是一些在沿海地区设厂的。到今天呢？这些拼人本成本的企业又不行了，现在是拼产品性价比的时代。所以说，企业家最害怕讲过去。如果活在过去的影子里，你死都不知道怎么死的！”

企业家是这样，生活中的个人也是如此，不论昨天取得了多大的成功，对今天都没有决定性的意义。如果你幻想用过去的辉煌来预测今天，筑就未来，那你可就打错算盘了。有句话说：“昨日的成功，今日的资本，明日的墓穴；昨日的失败，今日的教训，明日的涅槃。”过去的成功往往是我们走向未来的敌人，是你更加成功的阻碍。

你有没有“信念顽固症”？

美国学者安德森曾经做过这样一个试验：他先为每位参与者讲述一个错误的信息，然后让这些人列举支持或者反对的理由。实验结果显示，越多去阐释支持理由的人，在正确答案公布之后，越会倾向于他之前支持的错误信息是成立的，对刚才的判断表现得很固执。

这种现象，安德森教授将其称为“信念顽固症”，或者是一种“过度自信现象”。意思就是说，成功的人在走向成功之后，即使新的客观事实已经否定其成功经验在现在的正确性，他们仍然会相信自己昔日的做法是正确无误的，不认为应该抛弃它们。

虽然类似的问题在以前确实是那么解决的，但这种做法随着时间的变化和环境的改变可能不再适用了，可他们往往会固执地坚持这种做法，就像在守护一种神圣的信仰一样绝不动摇。

对这种现象，我的总结是：“自以为是”的人会带着自己的聪明和顽固走向坟墓。

2007 年，手机业的霸主诺基亚如日中天，不可一世，其销售额占到全球手机销售额的 40%，这是一个一统天下的成绩。与此同时，苹果手机上市，谷歌开始研发安卓系统。面对功能性与时尚性兼于一体的新一代手机的诞生，诺基亚的高层们不屑一顾。他们认为苹果手机不过就是一个“新玩意”，火不了多久，也成不了气候。

他们都觉得当下最重要的对手，依旧是劲敌摩托罗拉。诺基亚的工程师们也对苹果手机进行了全面测试——“这么不坚固的手机，谁会买呀？这一定没有未来……”在诺基亚一个广为流传的广告中，更是用尽了笔墨嘲讽苹果手机：它仅仅是轻，可真不实用。

当时许多人都认可这种想法和观点，传统认知依然是坚固的，大家不都是喜欢坚固的手机吗？苹果怎么可能撼动诺基亚的王者地位呢？手机一定要经得起摔打，这是人们的经验，所以诺基亚的战略制定者活在过去的成功中走不出来，没有看到未来的趋势。于是现在，苹果手机彻底颠覆了我们的生活，以苹果为代表的智能手机成了市场的主流，诺基亚则不得不在这个新的时代插草卖身。

卡尔·波普尔说过这样的话：“任何时候，我们都是关闭自己认知框架的囚徒而已。尽管跳出去只是一个更大的囚徒框架，但是也毕竟比以前宽敞很多。”过去的认知深深影响着我们今时与未来的判断，塑造着我们的洞见力，影响着我们的思维模型。

那么面对自己的过去，你能从容地跳出来吗？

不要睡死在过去的成功模式中

当然，成功者自有其成功的道理，过去的成功都有它的必然性，是不能否定的。问题是，如果我们在思维层面无法实现“自我突破”，就会形成对思考的遮蔽，对创造性思考的忽视，以及对事物本质的敏感。这时，我们过去成功的事情反而容易成为未来失败的原因。成功的最大副作用，就是会让人觉得过去通行的原则同样也适用于将来。

比如 20 世纪 80 年代的 IBM，那也是一家和诺基亚一样在世界上被称为巨无霸的公司。它的税后净利润一度达到 65.8 亿美元，在当时这是一个惊人的数字，使无数同行眼馋嫉妒。其中，PC 机的销售份额占据市场的 80%。不过单单就利润来讲，PC 机占 IBM 公司整个的体量很小。一直以来，IBM 的主营业务还是大型机。

不久，大型机业务负责人埃克斯荣升为总裁。他坚定地认为 IBM 的前景不可估量，特别是大型机。未曾想，IBM 没过多久便陷入巨大的经济危机。究其原因，是 IBM 公司的管理层不顾市场趋势的变化，依旧将公司的主要精力放在大型机上，对个人电脑一如既往地持轻视态度。埃克斯与 IBM 所熟知的这个世界正在他们眼前急剧变化，但他们依旧认可过去的经验，在过去成功的辉煌中故步自封，为自己掘下坟墓。

深入探究来看，很多成功者在功成名就之后，习惯于复制原有的经验，从而导致后来的失败。有一些成功者过于乐观而盲目地活在昨天的成功模式中，局限于已知世界形成的经验模式。比如实体店的传统线下模式，在电商时代遭到了致命的打击。因为不想转型，坚信可以熬过冬天，结果还没挺过深秋就已经死掉了。

这说明，过去的成功，有时恰恰就是你未来的陷阱。

有一个旅行者在半路碰上凶神恶煞的强盗。他不得不没命地向前跑，而强盗们也在后面拼命地追。跑着跑着，一条大河拦住他的去路，万幸的是，旅行者发现了不远处的一只独木舟。靠着独木舟，旅行者逃脱了险境，强盗追到岸边再也找不到别的船，只能绕路过河。划过岸的旅行者便认为这只独木舟是救命船，无比重要。若是再遇到河流，一定还能派上用处，绝对不能丢失。

于是，他将独木舟从水里拉上岸，拖着它继续赶路。因为独木舟十分沉重，所以他的速度非常缓慢，不久就被绕路的强盗追上。被杀之前，他看着独木舟，绝望地叹息道："曾经救了我命的东西，现在又要了我的命啊！"

这个案例就告诉我们：那些过去让你成功的东西，将来极有可能把你害死。我们都需要鼓起勇气和决心，超越过去，着眼现在。别用昨天的经验来看待今天，要立足于当下具体的情况，做出最符合形势的决策。

赢得未来的前提，是放下"自以为是"

我的导师曾经这么跟我说："一个人 18 岁时觉得自己很聪明，这是好事，说明他有冒险的冲动，教训会让他成长和成熟；可一个人 28 岁时仍然觉得自己很聪明，那就是天大的坏事了，因为这是自以为是，一定会让他付出沉重的代价。”

有的聪明人喜欢冒险，不断尝试新生事物；有的聪明人则喜欢守株待兔，妄想用以前积累的经验搞定未来的一切。但现在已经不是守株待兔的时代，现代社会的节奏飞快，信息日新月异，每个人的生活都是不断向前的。在不同的时刻，人们有不同的需要；在不同的环境中，人们又有不同的优点和缺点，所以我们用来思考和做事的条件一直在变，不仅要找到属于自己的“独木舟”，更不能守住那个独木舟不放手，要放下一切“自以为是”的聪明，要对现实的变化保持一颗敬畏之心。

就像在教育领域，我们不能用管 8 岁孩子的方法教育 18 岁的孩子，也不能用教育 18 岁孩子的方法和 28 岁的孩子谈心。放到成人世界中，这个规律也是适用的。

成功学大师李践说过：“这个世界上不会有永远成功的人，也没有永远失败的人。”我对成功学的好感不多，但李践的这句话还是很有道理的。成功和失败永远都是相对的，这是思维的辩证法，也是现实的真实写照，是一个人洞察世事、做出判断与决策的一种基本逻辑——要动态地看待过去与未来。

即，我们要原谅已经过去的失败与羞辱，也不要沉醉于已经过去了的成功与光辉，因为任何事情都是相对的。每个人的思维都有一种遮蔽的特点，很容易陷入“所知障”——我们过去的成就，可能是未来的障碍。给我们带来麻烦的不是未知的东西，而是我们以为知道，实际却并非如此的东西。

四、不要让未来的失败，抱怨今天的自以为是

在一次给下属的培训中我说：“你今天做出的每一个判断，未来都会买单。”未来是什么？是每一个今天的叠加！你今天每分每秒的任何一个思维的火花、冲动或理性的决定、对事物的看法和印象，都在时刻不停地塑造着你

的未来！

今天你是冲动的，明天你会为冲动付出代价；

今天你是理性的，明天你会收获理性的成果；

今天你是低调的，明天你会学到更多的知识；

今天你是犀利的，明天你会受益于自己的直观和直接；

今天你是自鸣得意的，明天你会因为得意而忘形，吃到相应的教训。

香港才贯中西的才子陶杰在读到纳兰词《人生只道是寻常》时大有感触，他在自己的散文评论集《杀鹌鹑的少女》中写出了这样一段话：

> "当你老了，回顾一生，就会发现：什么时候出国读书，什么时候决定做第一份职业，何时选定了对象而恋爱，什么时候结婚，其实都是命运的巨变。只是当时站在三岔路口，眼见风云千樯，你做出抉择的那一日，在日记上，相当沉闷和平凡，当时还以为是生命中普通的一天。"

这段话生动地描写了今天的一个普通举动对未来的巨大影响。命运这个"东西"，听起来朦胧又梦幻，你觉得难以预测又捉摸不透。但实际上，你的未来更多的是掌握在自己的手中——今天的因会收获明天的果。因此，你必须为自己的未来负责。

现在，你还觉得自己是一个"聪明人"吗？

今天，你讨厌"昨天的自己"吗？

最近几年，有一段"鸡汤文"在微博上特别火："你不成功，是因为你不够努力。你现在过得不好，是因为你以前不努力。你以后过得还不好，是因为你现在还不够努力。所以，不要让未来的你讨厌现在的自己！"

仔细想一想，这段话的确有一定的道理。我们现在的生活，不正是之前的生活态度带给我们的回报吗？愚笨无知并不可怕，可怕的是明明无知却还自以为聪明，自我感觉良好。一个人的失败并不是由于无知造成的，恰恰相反，失败经常是由“自以为是的聪明”导致的。因为自觉得聪明，就会放松对自己的要求，忽视了眼前的困难，对真正的问题缺乏警觉。最后，也就错失了解决问题的大好时机。

大学时，我们会看到许多同学都在虚度光阴，聊天喝酒玩游戏，只有少数人在发愤图强。有意思的是，虚度光阴的经常是一些觉得自己头脑聪明的家伙，天天在教室熬夜背单词、做练习题的往往是人们眼中公认的“笨蛋”。然后在毕业时我们又发现，那些默默努力了 4 年的“笨蛋”考上了重点大学的研究生，为人生谋到了非常好的机会，那些无所事事的聪明人则一脸茫然地走出了学校大门。

再看看和你一同入职的同事，有的人十分聪明，懂得如何获取现时的安稳，不学习，不上进，只求做好自己的本职工作，乐得偷懒；而有的人则干尽苦活累活，不断地探索，不断精进自己的职业技能。在人们眼中，前者真聪明，拿着不低的薪水，却只付出后者的几分之一；而后者真笨，工资不见增长，却每天累得像条狗。

有的人为此得意地说：“老板又看不见，人事经理也不知道，干吗那么卖力呢？”

他们自以为洞悉生存的奥秘，但是几年后，差距就显现出来了：擅长偷懒的聪明人还在拿着微薄的工资，而勤快的笨蛋已经成了他的上司，实现了一个又一个突破，职业生涯也达到了更高的高度。

相对于今天，未来是虚的，因为我们不知道会发生什么。所以，把握好今天的一点一滴，一步一个脚印，做一个不聪明的人——自以为笨，才是真正的犀利。因为能意识到自己的笨，才不至于迷茫而焦躁，不迷茫，才能瞪大眼睛观察，沉下心思考。

我有一位发小，现在是一家世界级公司在大中华地区的市场部项目总监，风光无限，事业有成。但十几年前他刚到上海发展时，情况却是惨不忍睹，和今天完全不能比。当时，他在一家出口公司做最底层的文员，月薪仅有几百块，经常工作到夜里 12 点，连周末都在拼命地加班，活得像一只匆匆忙忙的蚂蚁。

在人们眼中他是个死脑筋的笨蛋，似乎脑子总是慢别人一拍，做事情总是拣最不讨好的去干。他对工作无比负责，又相当的踏实，拼尽了全力，做出了业绩，也从不向上司要求升职加薪。就是这样的一个人，数年后人们惊讶地发现，他的第二份工作不再是底层的文员，而是公司的中层干部。再过几年，他已经跃身于这个行业的精英人才，成为诸多大公司争相高薪聘请的高管级人才了。

这是不是每一位努力的奋斗者最好的结果？这样的结果是怎样得来的呢？当失败者抱怨过去自己的错误时，他们中间有的人一定会这样想：假如当时我不那么心浮气躁、自以为聪明就好了！可要想避免自以为是的聪明，就必须先让自己适当地成为一个笨蛋，变得愚钝一些。用佛家的一句话来说，就是“福不唐捐”，这四个字引申出来就成了一个流行的说法：功不唐捐。也就是说，要在今天实实在在地去付出，因为每一分付出都不会白白浪费。或许回报不见得会在当下以我们最想要的方式出现，但是命运一定会给我们兑现回报。

区别就在于，你是否能在今天一眼便看到未来的回报，并对此抱有足够的耐心？

生活中很容易让人丧气的一点是——现在所付出的努力，也许需要很长的时间才能显现效果。这也是人们争相当聪明人而不愿做笨人的原因。比如多学一门外语、考研、为事业打基础等，因为见效慢，所以不受聪明人的喜爱。但恰恰是这些见效缓慢的事情，是我们最不应该忽视的。

如果你现在什么努力都不做的话，那么在未来就会发现，那些想做却没有做的事情在千方百计地证明它有多么重要：

你想跳槽去的好公司需要你精通一门外语；

你苦等多年的晋升机会要求你必须有MBA的学位；

你做梦都想获得的公司股权要求你这些年来必须做出过很多不要求回报的牺牲；

……

而你，一次都没有做到过！你在过去没有看到今天，在今天也没有看到未来。你的头脑并不犀利，对事物的判断力也并不及格。

未来不是想象出来的，是踏踏实实干出来的

这两年国内很多人喜欢网络红人Papi酱，她很成功地通过视频自媒体的形式在互联网上造成了轰动性的营销效果。她的视频幽默中不乏深刻，搞笑中不乏哲理。在她最红的时候，估值高达3个亿，有各种风投机构想对她投资，并且拿到了2200万元的贴片广告。谈到自己的经历时，她坦承自己在12年间兜兜转转，人生也走了很多弯路，不过有一点是肯定的：

“我心里隐约地知道自己能干一点事，虽然真不知道会是什么。虽然今天的我，肯定不是我来北京时想要成为的那个，可也就是这12年间的每个选择和决定，让我活成了今天的样子。”

没错，谁能知道你未来到底会成为什么样子呢？但有一条人人都无可否认：今天的我们是由过去的每一个选择和决定塑造的。Papi酱在学校读书时也不会想到自己会凭借喜剧的才华红遍全中国，正是她对每一条视频内容近乎苛刻的认真，以一种谦虚低调同时又实干的姿态对梦想每一次的全力追逐，才撞开了新世界的大门，有了今天的成功。

凡是这样的成功者，他们从来都不会“自以为是”，当然也不会“自以为非”。他们在今天可以看到未来的景象，也能看见如何成就未来。一

个人的未来是怎样的，不能单凭想象，也不是由人的智力水平决定，更多的是靠“今天你都干了些什么，干得怎样”来决定。你应该放下的是智力的优越，踏实地把握好现在，只有现在做得完美，未来才有可能是完美的。

《霸王别姬》刚开始的时候，小癞子带着小豆子逃出戏班，看着名角儿唱戏，他问：“我什么时候才能成角儿呢？”答案就是，要想成“角儿”，不是凭幻想，而是凭借一天又一天地吃尽苦中苦。

所以：

你渴望明天能挣到1000万，就不要以为今天自己可以随时去旅行；

你渴望明天成为同行业的佼佼者，就不要以为今天自己可以玩着把手中的工作做好；

你渴望明天能腹有诗书气自华，就不要以为今天自己可以随意浪费太多时间。

未来不是橡皮泥，无法任由我们随意地塑造成形——天才也不行。所以，当你今天像“聪明人”一样行事时，往往意味着明天会丢失很多重要的东西。很多人面对未来，都自以为胜券在握，但当未来真的发生时，他们却开始“后悔当初”。必须从一开始就如履薄冰，认真地对待当下的每一个问题，才能为未来打下坚实的基础。

五、你觉得愚钝的人，也许才是对的

现实中我们都知道，一些大家瞧不上的笨方法，却可能正中问题的要害，一些大家都认为聪明的做法，最后却解决不了根本问题。所以，愚钝与聪明的对比其实不在于思维是否活跃，想法是否具有创造力，而在于一个最重要的标准：

能不能更好地解决问题？

阿诚是一名广东人，他刚到美国时就住在洛杉矶东部的富人区。但他一有时间就跑到唐人街，和同胞吃饭聊天。每当这时，他就会新鲜感十足地点评自己见过的每一个美国人、欧洲人或其他族裔的人。

他用嘲讽的口吻说：“兄弟们，努力吧！我们总不能把这个世界拱手让给那些笨蛋。他们做事行事太愚钝了，完全就是缺心眼嘛！”

在他看来什么是愚钝的事情呢？他说自己的邻居是一个有钱的白人，住着一栋大别墅，别墅前面就有很大的一片空地，结果那个白人仍然下班回来，开着车绕很远的路，从自己家门口的大空地经过，再从街后绕过去，把车停到别墅后边社区划定的停车场。每天一走一回，在这件事情上就浪费了十几分钟。

“那个家伙太笨了，脑子一点都不活，把车停在前面的空地不就行了？那里又不妨碍别人走路，谁敢多说什么？”

是啊，的确有不少人的行为在我们眼中显得很笨，你看到这种很笨的人，会是什么想法？也表现得像阿诚这么夸张吗？那个白人的做法真的十分愚蠢？事实的真相是，如果他违反社区关于停车的规定，即便暂时给自己带来了方便，时间久了也会引来更大的麻烦，大家纷纷效仿，社区就会失去秩序，最终受害的也包括他自己。正因为他看到了问题的本质，所以从一开始守规矩就成了一个必然的选择。因此，他看似愚钝，实则犀利。

还有一些“公认”的笨人，他们在生活和工作中表现得不是那么“头脑灵光”，但最后却让我们大吃一惊——在智力的竞赛中，也许他们被聪明人嘲笑了整场，但最后证明他们从一开始就对了，而别人不是错的，就是和正确尚有距离。

我的合伙人史密斯先生就有过类似的经历，他说：“很多人都喜欢嘲笑别人，在公众场合，在集体讨论中，聪明人喋喋不休，有各种各样千奇百怪吸引眼球的想法。这时笨人发表了一个看法，听起来蠢极了。大家都哄堂大笑，就像在看一只智力低下的小狗。可最终的事实如何呢？我们惊讶地发现那个笨蛋的方法是最经济实惠的。”

在一次户外广告的方案讨论中，史密斯要求团队成员尽快拿出一个最优方案——广告牌放到哪个位置才是效果最佳、相对成本又最小的？部下纷纷建言献策。有的人认为在路边修建风格奇特的牌子，还有的人认为应该在大楼上打广告，这些方式都比较引人注目，同时花费也不大。

“大家都在这么做，这是一个好方法！”

“我们还可以搞成移动式的，这是一个好点子！”

“不管怎么说，头儿，还是你定！”

这时项目团队中很不起眼的比克·哈姆声音弱弱地说：“难道不能把广告承包给公共交通运营公司吗？我们只需支付一笔钱，设计一个海报，其他什么都不用做，但是全城都能看到我们的广告。”

所有人都闭嘴了，因为这是平时人们眼中最蠢的比克·哈姆发出的声音，但他的观点此时听起来盖过了其他建议，成为最具可行性的一个方法。从此以后，没人敢再瞧不起哈姆，而他也成为史密斯团队中的重要一员。

最笨的方法却可能是解决问题的最好方法

所以，本书所讲到的“犀利”与智力或聪明无关，它所倡导的是一种洞见本质的思维方式，也就是一种直观的智慧。永远不要把别人当作傻子，因为一个看似很傻的人可能看问题却很直观，能够十分犀利地洞察一个问题的本质，找到最正确的方法。相反，许多看似聪明的人在一些重大问题的判断上却很糊涂。

比如前几年非常流行的电视剧中许三多的故事。在《士兵突击》这部剧中，普通士兵许三多不会说话，性格又较为温和与懦弱，但他却是剧中活得最犀利的一个人。他的犀利不是通过外在的锋芒，而是内心的洞明、坚定和坚韧来体现。他始终用一种“最笨”的方法去实践理想，绝不动摇地奔向目标。和他相比，其他人或多或少都有一些聪明外露和不够坚定。

一个人如果每天都懂得如何弯腰、用力蹬地的活着，他其实已经看见并找到了生活最本质的东西，他就是一个非常犀利而且具有力量的人。

愚钝的赢家——聪明强壮未必就能成功

有人曾经做过一个实验：

他从一座村子里找到了两个人，一个愚钝且软弱，一个聪明且强壮。然后，他找了一块两英亩左右的空地，给他俩同样的工具，让他们比赛挖井，看看谁最先挖到水。

愚钝的人接到工具后，二话没说，便脱掉上衣干起来。聪明的人稍作选择也大干起来。两个小时过去了，两人均挖了两米深，但均未见到水。聪明的人断定自己的选择是错误的。他觉得在原处继续挖下去是愚蠢的，便另选了一块地方重新开挖。愚钝的人仍然在原地吃力地挖着。又是两个小时过去了，愚钝的人只挖了一米。而聪明的人又挖了两米深，还是没见到水。可愚钝的人仍然在原地吃力地挖着，而聪明的人又开始怀疑自己的选择，就又选了一块地方重挖。又是两个小时过去了，愚钝的人挖了半米，而聪明的人又挖了两米，但两人均未见到水。

这时，聪明人泄气了，断定此地无水。他放弃了挖掘，离去了。而愚钝的人此时体力不支了，但他还是在原地挖。在他刚把一锨土掘出时，奇迹出现了，只见一股清水喷涌而出。

实验的结果很明显，愚钝的人获得了胜利。这个人后来就总结说：“不管做什么事情，智商都不是成功的必然条件。聪明强壮的人未必就能做好一件事，因为有时成功需要的是一种近乎愚钝的力量。可是很少有人能领悟到这一点。”

第三章

你“为了什么”而生命不休、努力不止?

巴菲特说:“我们明明知道股市持续暴涨一个月并不是好事,这里就像一个欢迎上当的陷阱,可仍然有那么多人唱着赞美耶稣的歌曲献祭他们的全部财产!”当你在做决定之前,必须基于自身的实际情况来做出客观的分析——我的坚持到底是为了梦想,还是盲目被情绪所左右?大多数人总是选择一个错误的目标然后付出最大的努力,而你需要对目标的本质重新定义,先停下脚步,审视自己正在做或者将要做的事情。

一、为什么有的人“明知山有虎，偏向虎山行”？

一个固执和冲动的决定，有时明明知道是错误的，可人们仍然做出判断和坚决采取行动的标准是什么？通俗地说：“你为什么这么固执？”这是一个值得研究的问题。

我们经常赞扬一个人认准了目标不抛弃不放弃的精神，认为他是执着和坚韧，而对于那些一意孤行，不顾他人好言相劝，不撞南墙不回头的人，则认为是无法理喻的固执。执着和固执，有时就像一件事物的正反两面，有时又像一朵并蒂的双生花。那么到底哪个是对，哪个是错?

在这个过程中，我们判断一个人、一件事如何才是执着、怎样才是固执的标准，界限似乎总有一些模糊。有些人的坚持成功了，证明他的判断是正确的；有些人的坚持失败了，证明他的判断是错误的，但固执和执着的区别又是什么？为什么说你看到的未必就是正确的，你所怀疑的反而有可能是一条通途?

到底什么是固执?

有一则寓言，说的是一只蚂蚱不听蚂蚁的劝告，它非常固执己见，不肯提前储备冬粮，最终在寒冷的冬季被活活地饿死。固执者就如同蚂蚱，在明显不利的局面下，仍然坚持自己的想法，认为自己的做法是最对的。他们认定了自己的行为模式，便听不进他人的意见，以至于遭受失败的惩罚。

但这里有两个问题：

第一，他的错误必须是一种显而易见的常识。比如不储备粮食，到了冬天必然没东西吃，这是毋庸置疑的事实。如果这个条件不存在，我们就很难对一个人的决定下一个固执的定义。

第二，在可见的未来，他的行为无法收到预期的成效。一种固执的做法有时还和回报有关，即便你的想法和行动不见得是错误的，但长期坚持下去的回报并不可观，我们也可以认为这种做法比较固执。

固执，简单地说就是冥顽不灵，盲目地坚定，总体表现为：

· 明明心里知道这件事有问题，依旧在想法或者计划上，坚持自己的观点看法；

· 对于想做的事情，往往一根筋走到底，“不达目的誓不罢休”，即使身边的人早就表达了不满，或者连累到了许多人，也极少悔改；

· 一旦他人提出某个其他的想法，便竭尽所能阐释对方的建议不具备参考价值的原因，并再次捍卫自己的选择；

· 不愿意接受别人的不同想法，会因为他人的反对意见明显地表现出生气、伤感和急躁等负面情绪。

强烈的冲动或愿望对于一个人总是有着超强的吸引力，时间久了便会在我们的脑海中形成一种幻景。当一点点的诱因出现时，我们就把它无限放大，当成一个牢不可破的真理：“我这么做一定是对的！”这时，人就容易失去理智，固执己见，掉进自我想象所形成的幻景里面难以自拔。例如，一个女人爱错了人，哪怕是清清楚楚地看到前面是一个无底悬崖，因为始终抱着幻想不放，也会心甘情愿地跳下去，摔得粉身碎骨。

在生活和工作当中，这种现象是很多的。有的人由于一味地固执，自主地屏蔽掉了自己不想看到的现实，蒙住了双眼，脑袋钻进牛角尖，于是就变成了行尸走肉一般。就像巴菲特在一次股东大会上说的：

> “每当我看到那些义无反顾地结伴向高涨的股市前进的人们时，看到他们的兴奋之情，就为不久之后的夏威夷海滩感到担心。届时会有多少悲伤的人跳进大海，试图洗刷自己在今天跳进火坑的耻辱呢？我们明明知道股市持续暴涨一个月并不是好事，这里就像一个欢迎上当的陷阱，可仍然有那么多人唱着赞美耶稣的歌曲献祭他们的全部财产！”

巴菲特犀利地嘲笑了那些“明知山有虎，偏向虎山行”的愚蠢而又固执的股民，与其说他在提醒人们股市在牛市时的风险，不如说是在教导人们升级自己的头脑，具备真正的智慧——你从机遇中看到风险了吗？你从风险中看见机遇了吗？现实是，超过 90% 的人都会固执地坚持错误，直到付出沉重的代价。

我们并不能说“坚持立场”就是一件坏事，这在逻辑上是不成立的——但如果拼命坚持的立场是有问题的。时间已经证明此路不通，只是出于无法接受自己犯错的心理不肯放弃，这样的坚持就是错误的。

到底什么是执着?

多年来精益求精、不断进步的工匠精神是执着，确立梦想并且不懈地为之努力是执着，为了信仰甘愿奉献自己的一生是执着，为了某个目标争分夺秒顽强拼搏也是执着。由此可见，执着是一种基于宏观的判断，要有顽强的毅力和强大的斗志，去贯彻自己既定的计划，实现我们的梦想。

在今天的电脑动画时代，日本漫画家宫崎骏仍然始终坚持手绘创作动画，不放过一丝一毫的细节，最终创作出一个又一个不朽的佳作。在快餐电影时代，詹姆斯·卡梅隆却用了 14 年的时间进行酝酿，又用了 4 年进行拍摄来完成一部科幻巨制，最终开创了自己的电影传奇。在大工业时代，瑞士手表却追求极致、限量生产，每年只产 5 万只手表，最终成为全球富豪必备的奢侈品。

上面这些，都是值得称赞的执着。就像台湾作家三毛说的：“我唯一锲而不舍，愿意以自己的生命去努力的，只不过是保守我个人的心怀意念，在我有生之日，做一个真诚的人，不放弃对生活的热爱和执着，在有限的时空里，过无限大的日子。”执着首先不是思维，而是精神，是一个人对自己追求的目标、从事的工作所表现出来的一往情深和一往无前的状态，是“不破楼兰终不还”的豪情壮志，是“要留青白在人间”的铮铮铁骨，也是“咬定青山不放松”的坚定毅力。

比如，自然界中有一种依米小花。它的花期很短，开起来不过两天，但需要六年的准备才可以开出美丽的四色花。它六年的光阴只为了那两天的绽放，这就是一种美丽的执着。古往今来，成大事者正是凭着内心的坚定，选择了一条正确的道路后矢志不渝地坚持，才为我们留下了一段又一段的千古佳话。

“生命不休，努力不止。”这句话是对的，是我们的人生格言，但需要你找对方向，然后一步一个脚印地努力。三天打鱼两天晒网，一曝十寒，这绝不是执着。只有目标和愿望正确，脚踏实地持续地做一件事情，才不会掉入执拗不悟的迷途之中。因为罗马不是一日建成的，任何事情都不可能几天就可以成功，因此要多给自己一些时间，一步一步地实现梦想，不因为外界的纷纷扰扰和形形色色的诱惑而迷失目标，这就是执着。

固执与执着并非完全对立

众所周知，“执着”是褒义词，“固执”是贬义词，但执着与固执又不完全是对立的。有人曾经笑称：如果最后你成功了，那你就是执着；如果失败了，那你就成了固执。

就像前面说的，怎样看待这个标准？如何少走弯路？一个基本的辩证逻辑是：执着的人，他们坚持于自己的奋斗方向和拼搏目标；固执的人，则是坚持于自己的主观情绪和排斥异见的做事方法。

可以这么说——假如你冷静而热情地做一件事，即使不擅长，也有成功的可能；但如果你冲动而狭隘地做一件事，即使很擅长，失败的概率也很大！

人民警察蹲点守候多日，成功地捉拿罪犯，这是执着，并且为群众所称赞。愚蠢的农夫守株待兔，这就是固执，徒徒成为世人茶余饭后的谈资。由这个对比中，我们很容易发现一个道理：即使是相同的行为手段，有时仅仅由于行为对象的差别，往往也会造成事物最终性质的大相径庭。

有个人在外面走路的时候，不小心撞到了拐角处的一堵墙上。这堵墙是一座荒废的宅子的外墙。他大怒，想要把墙给拆了再离开，这样能出口气。但是在拆墙时，他发现这面墙特别结实，不是那么好拆。同伴有的劝他放弃，有的劝他绕路，还有的劝他架一个梯子爬过去，他都不同意，非要拆掉了墙再离开。削尖脑袋要做徒劳无益的事情，这就叫做固执。

另一个人也和第一个人一样在拆墙，对象是相同的，但他拆墙是因为知道墙对面的地下埋着很多金子。只要把墙拆了，就可以得到金子。得到金子以后，他计划分给乡亲们一起富裕。他是有正当目标的，因此不会拘泥于拆墙这种笨办法。只是，他尝试过架梯子，但墙太高了；也尝试想绕过去，但墙的左右两侧都是很深的水沟，他只好继续拆墙。虽然是在做同样的事情，但这个人的目标是有回报的，这就叫做执着。

天堂和地狱有时只有一步之遥，执着和固执往往也是失之毫厘差之千里。执着没有错，但过分执着就会让我们失去判断力。如果你在固执的道路上再用一点力，那么就离偏执不远了。

所以，为什么我提倡直观的洞见力？因为直观的判断可以让我们在第一时间看到一件事值不值得做，是否应该坚持。当你在做决定之前，必须基于自身的实际情况（需求和条件）做出客观的分析——我的坚持到底是为了梦想，还是盲目被情绪所左右？分清我们头脑中的执着和固执，更有助于做出正确的选择。

二、为什么有的人努力了一辈子，还不知道自己想要什么?

人是怎样用一种盲目和偏执的行为掩盖对于问题本质的思考？换个方式说就是：为什么有的人忙碌操劳了几十年，却仍然不清楚自己所做的事情是否正确?

看看下面这些让人激动的回答，如果你相信了这些逻辑，它就是一针激励你勇往直前的“鸡血”，但这并没什么实际的用处。

·“这件事并不是你擅长的，为什么那么努力呢？”

·“听着，我只是不想后悔，因为人生用来后悔的时间会很长很长，并且没有解药。”

·“一个很累却又看不到希望的工作，你仍然能坚持下去？”

·“能，一切都是值得的。毕竟，最痛苦的不是失败，而是‘我本可以却未能坚持’。”

·“那么在努力的过程中，你知道自己想要什么吗？如果一个人付出了20年的时间，花费了自己全部的心血，最后却发现结果并不是自己想要的，你会怎么想呢？”

·“总比什么都不做要强吧？”

在很多问卷调查和面对面访谈中，谈到努力这个话题时，很多人都会回避自己的思维方法和行动策略，而是将问题提升到形而上的层面，用一句“行动总比什么都不做要强 ”这样的逻辑来掩饰自己在判断上的“虚弱”。每个人都需要一个原因，但更多的时候找不到方向。在人生的大方向上，大部分人都不是犀利的，他们看不到自己最应该去做的事情。

我们习惯在一个不眠的深夜，从书桌上拿起纸笔，甚至单纯地幻想着能够描摹一幅行动的路线图，或者仅仅勾勒出一种简单的流向就可以用少许的付出获得最大的成果。哪怕再不济，也能对未来列出一个公式。“公式”就是人的万能宝盒。不管做什么，人都妄想有迹可循。只想从一个固定的环境中找出一对确定的关系，然后我们的大脑就可以偷懒。

普林斯顿大学的心理学博士帕里安认为这是人性拒绝清醒的一种表现：“人性逃避真相，哪怕是清醒的思考。在人的大脑中，连接着原因和行为的是一条时间的虚线。人性拒绝看见未知，所以多数人总是选择一个错误的目标然后付出最大的努力。这好像是由我们思维的弱点决定的。为了改变这种情况，人需要对目标的本质重新定义，不管是短期目标还是长期的理想，要先停下脚步，审视自己正在做或将要做的事情。”

没有什么目标是一成不变的

有一位北京的朋友讲到了自己的大学室友，一个名叫盈盈的很乖巧的女孩儿。盈盈学习很好。她喜欢上了自己的高中同学。盈盈在青岛上大学，那个男孩则在成都读书。考研的时候，她和那名男生都有意向去同一座城市。只是后来盈盈又做了一个决定：为了不影响学业，她计划等考完研究生后再去找他，然后两个人终生厮守。

有多少人没在年轻时做过这样美好的打算呢？我们对一个目标（比如爱情）充满了热情，也做好了坚定的规划，以为事情会按照自己的期待顺利地进行下去。只要足够努力，没有实现不了的愿望。这是年轻时的人们对于问题的理解，他们相信“有志者事竟成”。可是，没有什么目标会一成不变，包括爱情在内。假如你对此缺乏洞察力，预见不到在各种条件的变化中“人心的变化”，你就会为此付出惨痛的代价。

于是，随着时间的变迁，一个不好的消息很快传到了盈盈的耳中。她还没等到毕业，就收到了那个男生和她分手的短信。那时，盈盈正逢母亲住院，弟弟高考，所有的事情似乎都扑面而来，而她又无能为力。

朋友说：“除了爱情，我们还在其他的许多事情上犯错误。比如，你如何分辨在证券公司门口认识的一个人究竟是你的朋友，还是只想骗你的钱去买他的产品？尽管你们相交了 3 个月，他没有主动开口让你买任何产品，但你还是不能确定，对吗？我们没有一双火眼金睛，也不知道未来如何变化。但我们又都在努力，想让所有的事情保留在自己可以控制的轨道上。”

要跳出这样的困惑，方法很简单——做任何事情，都不要为了行动而行动。首先你要看到一个清晰的终点：我要实现什么？然后再针对具体的条件制定一个实用的路线图：我该怎么去做？

在很多时候我发现，当人们采用这个建议回顾过去和审视当下时，他们惊讶地发现：“原来我过去就像活在虚幻的梦里，现在则如同踩在云上，我竟然不知道自己已经错了这么久！”家住天津的一位张经理介绍说，他十几年前开始做酒吧生意，前前后后投入了 300 多万元，艰难维系了几年时间，终于承受不住亏损，关门大吉。他觉得是市场行情不好，便转行去做了几年贸易，积攒了一些本钱，前年又投到酒吧行业中，计划东山再起。可是现在，仍然没有起色。当他终于能够坐下来认真地回顾自己这 10 年的商海生涯时才发现，自己并不是没有能力，而是没有及时调整方向。

他说：“我一直在做对我来说不可能成功的生意，现在看真是头脑发热。”

当环境变化时，目标的可行性也会发生变化——如果你不能及时注意到这种变化，看到新的趋势，你就会陷入类似于盈盈对爱情的一厢情愿中去。你所追求的东西已悄然远去，而你仍然在天真地努力付出。

在最佳时间、最佳地点去做最对的事情

人们在生活中都爱看一些关于“如何绝地反击”的故事。比如，姜子牙 80 岁才拜丞相，德川家康 70 岁才打下天下，诸时健 76 岁才种褚橙，刘邦快

50岁了才斩蛇起义，建立400年汉朝基业。没错，这些例子证明了毅力的重要性。但是，如果你能在最佳的时间、最佳地点、最佳的时机去做对的事情，尽最大努力，更早地收获成功，难道不更好吗？

1. 犀利的判断源自于成熟理性的思考，而不是天真的想象

一个人能够经过充分的独立思考以后做出一个明确的选择，并为之绝对负责，我们可以称之为“成熟”。任何目标都应该是理性的选择，就像任何目标都不是不可动摇的。当你决定用有限的时间换来更多的时间时，才意味着你真正走向了成熟。因为这个时候，你看待目标的方式就会增加了很多实用的考量：

· 目标并不是构成幸福的基础，而是实现幸福的必要方式。如何理解这个说法？通俗地说就是：找到可以让自己快乐的方向，但不要把它作为人生是否幸福的赌注。

· 在最初的时候就看到自己“真正想要”的东西，然后围绕它建立人生的阶段计划。注意，你“真正想要”的未必就是当下可以给你带来快乐的，你必须充分地接受并理解这一事实。

· 如果一件事让我感到辛苦，我为何还要去做它吗？假如一个目标与你的人生责任、义务等无关（比如抚养孩子、赡养老人这样的法定义务），那么就不要让它变成我们大脑的包袱。

梦想是不会欺骗任何人的，欺骗我们的是无限膨胀的欲望。欲望总是会影响人的判断，进而损害我们的洞见力；欲望会遮挡你的眼睛，让你看不到前面的危险，也看不见你需要的目标。争强好胜是人的天性，在不服输的年龄，每个人都会眼高手低，高估自己的能力，做出天真的、错误的选择。

于是，青春时期的梦想回报我们的是一次又一次的鼻青脸肿。在梦想与现实较劲的过程中你会渐渐地发现：一个人头脑的犀利不是“走”出来的，是“摔”出来的。在无数次“努力而无所得”的挫折后，我们才能逐渐认识到自己的肤浅。

2. 珍惜时光，及早地做好规划，找到你应该做的事情

有一次我和高盛公司证券部门的高级经理麦克·林汉讨论人生规划的问题。他提出了一个很有意思的观点：

“对一些规划错误的人来说，对时间的分配以及利用对于很多事都起到了决定性的作用。人们重视许多东西，比如视钱如命，但很容易忽视时间。他们会想到时间就是金钱，却不会想到时间还有更深层的意义：它决定我们对于生活的理解。如果一个人不明白什么叫时间，那么他很有可能活到 45 岁还不知道自己要干什么，因为他对时间在不同阶段的意义缺乏深刻的认识。”

在林汉看来，越早地发现自己应该做的事情——人生最主要的、最正确的目标，避免一生劳而无获的概率就会越大。虽然有马云、任正非等中年创业成功的典型榜样——他们好像人至中年才找到了自己的目标，但这个概率实在太低，你能指望上帝把第二个马云、第二个任正非的帽子扣到你的脑袋上吗？

对于这个假设，至少我替你捏一把汗。所以，现在越来越多的人懂得了规划的重要性，也开始重新定义时间。即：

——我要清醒地看到“我要干什么”；
——我要理性地看到“我能干什么”；
——我要客观地看到“我如何开始”。

对大部分人来说，前两条实现起来并不困难，但第三条才是最难的部分。哲学家赫德尔说过一句话：“如果我们被创造出来，目的只是为了像磁铁一样指向北方，用永远是徒劳的努力来换取我们之外的、我们永远不能达到的完整性的话，那我们就不仅要为我们自己，而且要为我们的本质感到难过。这个本质注定我们有一个痛苦的命运。”把时间视为一种可以选择的物质，进而理性地规划自己的未来，看见生活的本质，这才是一种最为犀利和高效的洞见。

人生要活得精彩，但不能无所追求。“我们可以度过美好的时光，也可以虚度光阴，但我希望你活得精彩。”大学毕业时，导师曾对我说过上面这段话。但是10年后我改变了自己的理解，因为只有建立在明确的目标之上，我们的时间和为之付出的一切才是有意义的。就是说，你必须有所追求，然后付出高效的行动，这样方可证明自己昨天做出的判断都是最接近正确的。

要让自己过得自豪，就必须对自我有清醒的认识。我希望每个人都能看到令自己惊叹的事物。我希望读到此书的人可以重新洗刷自己的头脑，然后从视野内的一切事物中体会从未有过的感觉。我希望你们可以遇见具有不同观点的人，并看到你和他们、和这个世界的相同及分歧之处。当然，我们都想让自己过得自豪，成为一个清醒并且正确的人。做到这一点的前提是，你要对自我有十分清醒的认识。如果你发现自己的生活并非如此，就得有勇气推翻当前和过去的选择，然后重新来过。

三、“当下的定论”不等于未来的结论

我们所有人都知道目标的重要性。因为有目标，生活才处于一种有追求的状态，我们才会感到充实，从时间的流逝中感受到有所作为的幸福，收获到人生的成就感。正如一位名人所说：对于一艘没有目标的航船来说，任何方向的风都是逆风。但是，目标并不是一成不变的。对目标进行动态的思考，要远远地胜过那些盲目的坚持。没有目标很可怕，但有了目标却不去管理目标，后果同样是可怕的。

比起想要实现的梦想，我们的行动方向更为重要。一个行走中的人，既要能够看到远处的山水，也要能够近看自己脚下的路——这是一条远路，还

是一条近路，或者是一条注定要走进死胡同的路？你思考过这个问题吗？

年轻时，我们总是盲目而又坚定地确立一个目标，强迫自己坚持到底。开始时可能是对的，但随着环境的变化，如果你不对目标进行重新分析，调整方向，错误就会一点一滴地积累。人们很喜欢用今天的定论去预测将来——这是绝大多数人正在做的事情，比如买股票，最近一段时间涨势喜人，人们就一厢情愿地认为未来会更好。可是，今天与明天的价格从来都不会相同。

人们对待股票的思维反映了一个十分普遍的问题：多数人极少进行动态的思考，看不到事物变化的本质。

有个人在北京漂了 7 年，刚到北京时是一个保险业务员，现在还是保险业务员。他跟我说了这么一句话：“我是一个说干就干的人，非常努力，非常执着。我来北京时就看好了保险行业，那时是保险业的春天。于是我就定下了一个目标，要在 5 年内成为年入百万的保险业销售员。现在 7 年过去了，我的收入只增加了 20%，扣除物价上涨的因素，我的收入反而比 7 年前减少了。”

他目标坚定，并且勤奋地努力，命运却如此残酷地对待他，这是为什么？因为他只是看到了目标，却看不到环境的变化。所以，越是执着努力的人，往往就越是费力不讨好，徒劳无功。这是一个普遍存在的事实。并不是努力就可以成功。因为方向一旦错误，你的坚持就会变成死板，然后狠狠地撞到墙上。

懂得变通：不要愚昧地坚持，也不要盲目地放弃

这样的事实并不“好玩”，会打击很多每天付出巨大努力、梦想改变命运的人。可是还有另一句话：穷则变，变则通。为什么不能从事物的变化中看到“变通”的可能性呢？我们的一生实在太长了。几十年的时间内谁也不能保证会发生什么，谁也不能预测未来一定会怎样——世界上最伟大的预言大

师也无法告诉你明天的股价或者10年后的房价。他只能劝诫你做好迎接变化的准备。

这就是我们的策略：用变化的眼光看待事物，用变通的思维做好准备。坚定目标没有错，但也要根据情况的变化及时调整。那些抱定一个目标便横冲直撞、一味拼杀的人也许可以成功，可成功的概率实在太低了。只有懂得变通，你才能迅速地洞见到那条最有效率的捷径。

在首届APEC青年创业家峰会的“女性创业——如何培养领导力”论坛上，东方风行传媒集团董事长、著名主持人李静曾经说过这样一句话：“不要愚昧地坚持，也不要盲目地放弃。”李静是一个特别依赖团队的人。她有胆量，也敢想敢做，是一个执着的人，认定了一条路就不会回头。所以，她觉得自己很容易犯错误。但正是有一个得力的团队和一群有智慧的助手在后边拉着她，在适当的情况下会提出不同的建议，让她学会了放弃和转弯，才有了今天的成就。

运动是宇宙中一切事物存在的基本法则。任何事物都不是一成不变的。很多情况下，我们都需要跳出固执的思维，带着怀疑的眼光将事物或问题放在一个更大的系统中去观察。只需一个新思路，就能开辟一条新道路；只需一个新转变，就能看到别样的风景；只需灵活一点，就能进退无碍；只需摒弃一份固守，就能获得一次重生。

进行转换位置的思考，看到不一样的东西

有一个书生到寺庙请愿，拜访了一位高僧：“大师，请您告诉我，两个人要怎样处理互相之间的关系呢？”

大师告诉了他四句话。

第一句：“把自己当别人。”书生想了想说：“我明白了，若有欢喜，平常看待，因为这也会发生在别人的身上；若有悲伤，也要云淡风轻，悲伤之事别人也常会发生。把自己当别人，就能看到我经历的一切都是正常的，命运

并不苛责于我，那么酸甜苦辣都能消化。”

第二句：“把别人当自己。”不要将自己视为特殊的一员，也不要总是以自己为中心。因为这会让人用僵化的眼光看这个世界。把别人当自己，就是让你将心比心，推己及人，换位思考，看到环境中那些不一样的因素，也看到自己不是独一无二的，更容易接受客观的事实。

第三句：“把别人当别人。”要有区分的眼光和思维，因为每一个人都是独立的，都有被尊重的权利。外界的一切和你既有联系，又各自独立，并不一定因你的变化而发生改变。同时，你的意志也不可能左右身边的所有人——你无法独自决定一切。

第四句：“把自己当自己。”最后一句是告诉我们要有独立的判断力，要坚定自己该坚定的，转变自己该转变的。不要因为外部的变化轻易动摇自己的志向，也不要因为理想的美妙而偏执地一头走到底，对环境和条件的变化视而不见。

大师的这四句话看似文字游戏，实则蕴含着很深的禅意。何时、何地以何种方式开始我们的一生，是无法选择的。我们一生下来就处在一种身不由己的环境中，有很多当下的定论不等于未来的结论，所以，我们才需要不断地变通，不断地转换思路。这四句话的核心宗旨就是“变化”，要有变化的眼光，也要有变通的头脑，你才能获得犀利的洞见。

《易传·系辞》中说道：“富有之谓大业，日新之谓盛德，生生之谓易，成象之谓乾，效法之谓坤，极数知来之谓占，通变之谓事，阴阳不测之谓神。”中国的易经就是一本讲变化的经典著作。我们所看到的一些人的神奇判断力，并非由于他们拥有天生的天才头脑，而是源于能够及时地调整和主动适应新的环境，努力地做到及时应变，以应对未来的变化。

假如你能看到未来与今天的不同，你就能掌握自己的命运。

审视“当下的定论”，动态思考未来的变化

有一位年轻的商人，家族本是做珠宝生意的。父亲去世后，他便继承了家族企业，发誓不闯出一片天地绝不罢休。他要超越父辈的成就，建立自己的功业。可惜，理想丰满，现实骨感，年少轻狂的他不具有父辈那种成熟稳重的经商思维，加上他思考问题不够谨慎缜密，没几年，他就将一份偌大的家族生意给败光了。

家业败落、生意失败之后，这位青年商人觉得珠宝行业投资成本和运作成本太大，技术性强，风险也太大。于是，他改行做服装生意。在他看来，服装生意比珠宝生意要简单得多，周期短，成本不大。未曾想，新的麻烦又来了，后来因为产品流通过慢，资金短缺，他又一次失败。

服装生意失败后，商人痛定思痛，认真反省自己，最终进军餐饮业，开起了饭店。在他看来，开饭店比开服装店在产品的流通环节（回款周期更短）应该更快。因为民以食为天，饭不可以一天不吃，而衣服却不需要天天去买。之前的经商经验加上他对于饭店经营本身的热爱，使他深入地了解客人对菜色和味道的需求，认真地征询客人对于菜色味道的反馈，生意总算稳定下来。

山穷水尽疑无路，柳暗花明又一村。在放弃了当初的目标之后，他的生意蒸蒸日上，实现了起初要闯出名堂的愿望。从他坎坷的经历中我们能发现，一个人成功的关键并不在于意志力对于某一个确切目标的坚持，而是头脑的深刻思考和理性决断。

· 你能不能看到一个目标的将来？如果只看到现在，看不到未来，你必输无疑；

· 出师不利时，你能不能快速分辨出这是暂时的挫折，还是必然的输局？如果此时做出错误的判断，你就会付出非常惨重的代价。

及时放弃“愚昧的坚持”也是一种正确的选择。当站在艰难抉择的时刻，人生没有从头再来，也不会给你太多的观望时间，更不会让你有机会尝试每一条道路最后再选择那个最正确的方向。

就像巴菲特说的：“你只有一次机会。要么是好股票，要么是坏股票。”

所以不要赌博。当遇到不可能完成的任务时，基于自身的客观条件，有时你必须选择舍弃，这意味着你首先看到风险，而不是机遇。并不是所有的持之以恒都能带来好结果，有时候坚持只是一种“固执己见”；也并不是所有的顽强拼搏都能登顶高峰，有时候它只会让你飞蛾扑火；并不是所有的锲而不舍都会有完美的结局，有时候它只会让你南辕北辙。

当然，对目标进行动态的思考不代表放弃，而是换一个方法去做，或者换一个思路做。我们的生活中有得失祸福、苦乐悲喜。一个人坚持一件事其实是很容易的，难的是变通。变通意味着你要看到未来的变化，而不是事物在今天的形态。

四、先定位“目的”，再思考怎样努力

有一次，合伙人史密斯给加州大学的大一学生讲课，主题是“如何定位我的未来”。他看到有人带了本励志书进来，就问他有什么读后感。那个学生兴奋地回答：“感觉很棒，书里有很多激励人心的故事。”史密斯听了一脸严肃，他说：

“别再被满天飞舞的励志故事忽悠，先想清楚你究竟要什么！”

再完美的成功故事也不是你的，而是别人的。喝下的心灵鸡汤再多，如果你不了解自己，盲目地效仿别人，人生就会过成别人的，而不是你自己的。所以史密斯在和那些学生谈到未来时，他提到的第一个重要的问题就是审视自己，洞察自身的需求。

他说：“在我们激动地准备大干一场之时，先想想需要什么。不要急于迈

出脚步，否则你可能忙碌了很久才发现自己走了一段毫无意义的道路。这种情况几乎发生在每个人的身上。”

曾经有一段时间，在闲暇时光我喜欢研究摄影。在这个过程中我发现，除去相机的基本操作技能外，决定摄影质量的不是拍照技巧，而是构图。构图中最重要的，莫过于你脑袋里面的想法是什么——你想用这张照片记录什么？除了摄影基本的技巧要体现出来，以及画面的线条、明暗、虚实、韵律感这些技术层面的东西之外，你的这张照片想要的主题究竟是什么？

摄影是一门艺术，一张好的照片除了拍照技术以外，它肯定包含着画面之外的拍摄者的态度和想法。两者融为一体，完美契合，才能称之为好的作品。不然你拍个花就是花，拍个草就是草，又有什么用呢？如果不将主观的情感融入其中，照片的内涵便是空无一物的。

我们做别的事情也和摄影一样，目的比“实现目的的技巧”更为重要。现在有些人每天都充满了干劲，活力四射。可是几年过去了，他们没什么改变，还是过着早晨 6 点去挤地铁、晚上 10 点才拖着疲惫的身躯回到家的生活。他们有着丰富的工作经验，熟练地完成上司交代的任务，唯一不清楚的就是自己的人生目标。

行动之前，先找准方向

先定位目的，再思考应该怎样努力，指的是在做事前先找准方向，以目的作为规划行动的指南。你要先看到目标，再看到方法，而不是为了验证某种方法去强行树立一个与自己并不匹配的目标。因为一个切实可行的目标可以充分调动人的优势资源，发挥他的优点，鼓足干劲把能力展现出来，并且能够有强大的意志力鞭策自己去迎接挑战。一个找到正确方向的人，他不用等着别人催促来采取行动。他自己的心中就有一个闹钟，不断地提醒和督促他一步一个台阶。

在行动之前，我们都该仔细想想什么最适合我们，我们最期望的又是什么？弃医从文的鲁迅先生起初因庸医失去了父亲，他由此渴望成为一位治病救人的医生。直到在日本留学期间，他才逐渐改变了志向，变成了一位犀利的作家。他看到了中国社会的问题，然后找到了自己的人生目标。

我们在小学时便都知道中国古代有“四大发明”，其中一项发明就是指南针。这种看似小而无用的东西推动了世界航海技术的发展，成就了郑和七次下西洋的壮举，也间接促成了大航海时代的到来，让我们充分了解了世界。为何小小的指南针可以给人类带来如此巨变呢？就是因为它可以帮助人们辨别东西南北，不至于在旅途或航行中迷失方向。

· 人的洞见能力中一个很重要的组成就是——看到自己这一生最需要的是什么；

· “需要”和“想要”并不相等——很多时候，你想要的并不是你真正需要的，如果执着于此，就会多走很多弯路。

现实中，人们总会询问自己：“我最想要的是什么？”你想要一栋大房子，想要一辆豪车，想要一间气派的办公室，但这些一定是你真正需要的吗？在另一些人眼中，他们看到的需求也许是爱人的关心、朋友的理解和家人的陪伴。随着年岁增长，阅历丰富，我们想要的也在不断变化中。可以明确的一点是，“目的”必须是真实存在的，它对我们的生活非常重要。为了一个真实的目的努力，你才有机会得到一个与付出相匹配的结果。

以终为始，就是想清终点再开始，先定目标再行动。想清楚自己要什么再行动，你才能够抛却那些看似珍贵实则负累的东西，没有枷锁地朝着一个方向出发，才能披荆斩棘，所向披靡。

看到“你的目标”，还要看见“实现它的过程”

美国总统罗斯福回忆自己早年经历时，不止一次提起这样一个故事：那时他还在大学读书，想边学习边找一份实习工作增加阅历，还可以修一下学分。他的父亲帮他联系到当时电信业巨头无线电公司董事长萨尔洛夫将军，介绍他去面试。

萨尔洛夫将军直截了当地问他：“你渴望从事怎样的工作，想到哪一个部门历练？”当时尚年轻的罗斯福觉得无所谓，哪个工作不是干呢？便告诉萨尔洛夫将军说：

“我随便。”

这三个字让将军停下了手中忙碌的工作，语重心长地表示：“小伙子，这个世界上还有工作叫做‘随便’吗？成功之路由目标铺成，随便岂能成功？”

“随便”的态度，说明一个人没有看到他的目标，也没有看见他的目的。那么随便地开始一件工作，就注定他在相当长的一段时期内是很难有所成就的。一个犀利的人不会轻易地把“随便”挂在嘴边，他们做事总是有明确的目的。一个洞察力惊人的人，也不会不认真思考就选择和决定自己的前程。他们会对未来有一个清晰的判断，并能迅速找到对的方向。

长期致力于个人与组织培训和发展的潜能大师博恩·崔西（Brian Tracy）曾经这样解释成功：“成功就是达成预期的目标。成功就等于目标，其他都是对它的解释。”就是说，一个人最犀利的判断力，体现于他对目标的判断上——包括生活和工作中各种各样的目标，不管是重大事项，还是那些较为繁琐的小事，无不考验一个人思维及判断力的犀利程度。

我有一位女性朋友，她的目标从来都十分明确——十几年来，她一直渴望成为一名受人尊敬的作家。在大学时，别人都忙着谈恋爱，交朋友。她却泡在图书馆，认真阅读名家大作，在笔记本上认真地写下读书笔记。平时，她会抽出时间练习写作，从不因写作的辛苦而放弃。

毕业以后，她便义无反顾地去出版行业工作，整日加班加点，只为了提高写作能力。就这样写字、投稿、写字、投稿，在出版行业十分不景气的今天，她依旧成为了一位畅销书作家，许多杂志都有她的专栏。

我丝毫不惊讶于她的成功，因为她首先定了一个坚定的目标，并采取了一个成熟的策略逐步提升能力，然后得到了应有的收获。她的成功是源于可以看到未来，并坚定地采取行动。

在哈佛大学流传着一个小故事：

在许多年前，有人想做一个木箱，贾金斯赶过来帮忙。他提出应该先把木板的头部锯掉再钉上去，便找来锯子，但没锯几下就撒手了，说用锉刀更能省事。于是他又去找锉刀。接着发现应该在锉刀上安一个手柄才方便。于是，他又去树林中寻找小树来制作手柄，但砍树还得用斧头。他的斧头有点生锈了，只好又跑去找磨石。这时发现，磨石不好固定，需要去村里找东西固定。一来二去，忙活半天的他都没有做成一个简单的木箱。

渐渐地人们发现，贾金斯无论做什么都半途而废。他曾经废寝忘食地攻读法语，但要真正地掌握法语，必须先对古法语有一定的了解，而没有对拉丁语的全面掌握和理解，要想学好古法语是绝不可能的。

贾金斯便开始学一会法语，读一会古法语，再研究一下拉丁语，最后他什么都没有弄懂。学习对他而言，似乎不是什么重要的目的，而是一个没有压力的乐趣。贾金斯从未获得过什么学位，他今天认为心理学有用，明天觉得生物学好像和心理学有共通之处，后天又发现行为学更有趣。在生活中，他也一直单身，因为他总是对姑娘袒露心思之后自己又拿不准主意，错过了捕获姑娘芳心的黄金时段。

结果就是，贾金斯一直在迷茫着。他之所以迷茫，是因为不知道自己的失败是朝三暮四所导致的。贾金斯式的人永远不能成功，是因为一个致命的问题：

> 在他的大脑中，目的没有清楚地突显出来。他看到的是选择的重要性，看不到明确方向才是关键的一步。

在《孙子兵法》中，孙子用“道，天，地，将，法”的说法来开篇，其中他所讲到的“道”某种意义上就是目标——上下一心和共同的目标。我们都应该好好想清楚再做决定，找出你确实想要得到的东西，甚至连最细节的部分都要想清楚，然后才能看见“自己应该如何努力”，这是非常必要的过程。

五、必须小心那些让我们感动的计划

有一次，我对某位复旦大学的高材生说：“越强烈的感动，就越让人看不清事实！”在我说这句话之前，这位高材生几乎泪流满面地倾述了他在过去的 4 年间坎坷的经历。

从高中到大学，他的学霸地位都不可动摇。学习成绩好，人也长得帅，家境也不错，按常识来说，这样的人想不成功都很难。他应该如何规划自己的人生路线呢？从复旦毕业后，他和一群小伙伴聚集起来，各自筹集了一些资金，准备大干一场。“要做什么”和“怎么做”就成了摆在他们面前的问题。

六七个人讨论了数日数夜，最终定了一个计划。用他的话说：“当方向确立的那一刻，我们都哭了。是的，我们选中了一个难度颇高的领域，做画展联盟。因为帮助那些囊中羞涩的艺术家是一件很值得自豪的事情。这令我们感动。”

怀着强烈的感动去做一件事，除了增加无穷的动力以外，对于提高成功的概率有什么积极的帮助吗？我认为是没有的。相反，由于感性的因素此时主宰了一个人的头脑，他所看到的事实与现实之间会拉开相当长的一段距离。现实的难度被大大地低估了，而他的行动中也多了太多盲目和想当然的成分。

一个头脑犀利的人，决然不会在自己肾上腺素激增的时刻作出关键的决定。因此，你必须小心那些让你感动的想法和计划。

1954 年，著名管理专家德鲁克在他经典的《管理实践》一书中最先提出了“目标管理”的概念。能看到目标是一种本事，能精确地选择和管理目标是更大的本领。德鲁克认为，一个人并不是有了工作才有目标。事实恰恰相反，正是有了目标才能确定每一个人的工作。所以我们每个人的使命和任务，必须转化为一个可实现的理性的目标，而不仅是心怀感动。感动就像一片彩色的赏心悦目的云彩，好看，但会遮挡你的视线。倘若一个领域对你来说没有目标，只有感动，那么，这个领域的工作是你不擅长的，你很难从中走出一条光明大道，你的能力也必然无所发挥。

发现理性的目标，并且理性地制订计划。缺少目标，人生就没有了方向的指南，而没有计划，目标就无法切实地完成。所以目标和计划同等重要，都是实现理想的过程中必不可缺的步骤。要懂得规划目标、制订计划，才能逐一实现自己的梦想，过上自己想要的人生。成功的前提是，选择目标和制订计划时我们都应该是理性的，是基于成熟的思考才做出最终判断。

即使在感动的驱使下选择了一个计划，也要理性地执行。还有的时候，人们的既定目标会被其他的想法打乱。比如今天听了一个讲座，就像打了鸡血般地按讲座的倡导去努力，明天又看到了一本名人传记，又觉得这个方向更靠谱。很多人都有自己的想法和计划，但让人无奈的是，有时计划仅仅执行了几天就继续不下去，变成了另一个方向。这就是我为什么说“感动”并不靠谱的原因。在感性状态中做出的判断很难维持太长时间。当你选择了一个方向，制订了一个计划时，如果不能理性地执行，就只能是“三分钟热度”。

很多时候，人们并不是忘了“需要做”的事情，而是觉得自己还有很多时间——“我可以明天再做，我也可以看看再说！”这反映了感性人的两个主要特点：一、容易感动和冲动；二、很难全心地去做一件事。

当上述的想法占据大脑并最终影响到人的判断机制时，他就会成为一个缺乏行动效率的计划狂。他会定下很多计划，但大都形同虚设，无法成功地执行下去。

制订计划容易，但执行计划很难。这是我们面临的现实。人们经常是信心百倍地定下一个计划，但过不了两天就改变了想法。出于感动和冲动，人们不停地变换想法，调整方向，对于未来、目标或当下要做的工作始终没有一个最直观的判断。于是，之前辛辛苦苦做好的准备、积累的资源等就被束之高阁。处于这种状态中的人，他的思维是模糊的，穿透力差。他总在改变，总在迷茫，最终一事无成。

制订一个理性的计划，实现我们的目标，至少需要四个步骤！

1. 确立明确目标

生活就如同在波涛汹涌的大海里面航行，只有目标明确、方向正确才能安全地到达彼岸。没有正确的方向，你的船就要被风浪吹翻，或者颠覆搁浅。你会因为感动而驾船驶向一个凶险莫测的方向吗？你不会。但很显然，当人处于那一时刻时，也许你一定会那么做。

戴尔·卡内基的夫人桃乐丝·卡内基曾经说：“确定了人生目标的人，比那些彷徨失措的人，起步时便已领先几十步。有目标的生活，远比彷徨的生活幸福。没有人生目标的人，人生本身就是乏味无聊的。”

也就是说，凡事预则立，不预则废。为了不让我们的付出一无所获，人一生当中，一定要有一个明确而且经过深思熟虑的目标。这个目标一定要用自己清醒的头脑而不仅是意志力来制定和贯彻。只有方向正确时，我们的意志力才能派上用场。

同时，一个自己“极感兴趣”的目标比任何看起来完美的计划都更为重要。可行性不够不是因为计划没有设计好，有时是你并不感兴趣造成的。比如，对于兴趣度截然不同的 A 和 B 来说，更喜欢 IT 的 A 看到程序代码就像看到了自己情人，B 则像在看一个丑陋的陌生女人，同样一份工作计划在他们的眼中体现出来的可行性一定是有天壤之别的。

从人性的角度而言，如果我们喜欢做一件事，再复杂、再长期的行动也会愿意去尝试。我们的任务就是看到并看见这样的事情，然后去为它制订明确的计划。

2. 制订翔实的计划

- 为什么你定下的计划总是无法完成？
- 为什么你在制订计划的过程中经常受到负面信息的干扰？
- 为什么你有了好的计划却执行不下去，完全是执行力的问题吗？

对这三个问题，我的回答并非就像人们所信奉的常识所言——计划执行不好就是意志不够坚定。大多数情况下，计划完不成大多是由于制订计划的方法有误，受到太多干扰而欠缺统筹安排的因素造成的。

一个能够成功的人不仅善于规划自己的人生，而且擅长从似是而非的信息或目标中找到自己最需要的东西。他们可以一眼便发现目的地，看到实现目标的正确途径。他们聪明而冷静地设定目标，高效而理性地制订计划，然后逐一实现它。这个过程中意志力非常关键，但不是最主要的。起到决定性作用的仍然是我们“思考的眼睛”——你看到了什么，就有可能拥有什么。

如果你想做一年的计划，可以列出需要完成的大事，按照一二三四的次序写在一个计划中，或者挂在办公室的墙上，然后补充如何实施的细枝末节。其中，要将那些外界因素干扰少、预计可以按时完成的事项拿出来，尽快划分时间段完成。时间越短，你受到感性因素的影响就越小。随着时间的延长，许多意外的因素就会逐渐渗透进来，影响我们的判断，有时会对计划造成根本的干扰。

如果计划中对于行动的时间规定得太细，而平时又有这样或那样的意外事项阻挠、牵绊你完成计划的正常进程，那么很可能无法在规定时间内完成。这就会让人沮丧，觉得自己的计划不再有效。错误的结果会给你这种错觉，但原因并不是计划不行，而是你在行动中的注意力偏离了正轨。

为了保证计划得到有力执行，我们需要给自己的目标和行动步骤划定出一个充裕并充满灵活性的时间——例如，你要将掺杂在任务中间的那些具有欺骗力的“非重要事项”拿出来，不要让它们干扰判断，将重要事项单独进行区分，按照紧急、非紧急等性质分类。如果你能理性地划分任务，排出次序，就能最大程度地保证完成任务的时间，很好地执行自己既定的计划。

3. 不要随意更改计划

一位在长滩地区从事健身领域十几年的专家说，健身成功不是依靠我们的意志品质，而是对计划的专注度。我们有了一份很好的计划，就要排除所有干扰。就像一个完美的婚姻，他（她）在你的眼中是最好的，也是唯一的，没有重大的问题，不会离婚（更改计划）。

所有的健身狂人都明白“明确并坚持计划”的重要性。他们也知道当下的目标是什么——不要今天想着减脂，明天渴望增肌，到了后天又要降低脂肪率——这种计划的变更导致没有任何进展不说，反而使体重比之前更容易增加，对健身来说是得不偿失的。

在其他任何领域，这一道理都是适用的。重要的是我们的大脑是否足够清醒和淡定。如果你是一个浮躁的人，思维就容易受到新信息或他人观点的诱惑，从而改变原有的想法。当然，有时你已付出了很多心血，却看不到回报，往往就会自我怀疑，设定的目标也难免会有动摇，会潜意识地认为自己的目标有误，应该进行修正。此时，你需要做的一件事是平静自己的内心，给自己几天思考的时间，最后再作出最妥善、最正确的决定。

不要急于下结论，也不要急于采取行动。这就是我的建议。

总的来说，有时候并不是我们的目标错了，而是你仍然需要一定的时间等待行动收获果实。能否看到这一未来，体现了我们判断能力和分析能力的强弱。对事物的洞见力往往就表现于此，很多人都能看清过去，却看不见未来。实现任何目标都意味着会有一个“不简单的过程”，不能有急于求成的心理。俗话说：罗马不是一日建成的，大神也不是一日练成的。所有的成功都急不得，而凡事也都有一个积累、从量变到质变的过程。

4. 不修改目标，只修改手段

蒙牛集团的总裁牛根生说：“当一个目标确立后，实现它总会遇到各种各样的困难。许多人的做法是，遇到困难就修改目标，因为改动目标最简单。殊不知，目标一动，整个系统都被打乱了。我们蒙牛的特点是，不修改目标，只修改手段。对目标的追求应该是偏执的！”

假如你看到并制定了一个正确的目标，那么就要勇敢地坚持下去，捍卫自己的洞见。正是在这种信念的影响下，蒙牛建立了“导弹—目标”的自动伺服机制，一旦环境变化，手段自然跟上，一切人力、物力、财力，包括人的思维和情感，都向这一目标“自动伺服”，才有了今天的成就。

修正计划，但不要改变目标。高效能的人士深知“思考投入产出比”的重要，投入了精力就要有所收获，不要总走回头路。所以，他们会一边执行计划，一边修正计划，保持在一个正确的轨道上——我称之为“模糊的正确”——只要大方向是对的便可以了，其他都不需要过于计较，以此来保证行进的速度。计划是死的，现实中的状况却是多变的。所以要不断修正计划，但对于整体的目标却不要轻易地变动。

始终寻找更高效的手段，一切为了目标服务。人们在制订计划的时候会犯下一种叫作“计划迷信”的思考病。这时大脑的注意力会从目标转移到计划上：这是一份好计划！于是把目标抛到了一边。实际上，隐藏在计划背后强大的动力引擎——目标——才是决定我们是否能“劳有所获”的根本因素。计划可以修改，目标不该有大的变动。不过，我们要始终寻找更有效、更高效的手段，来让目标实现得更快。

记住：生活中总有一些人、一些事情让我们感动，但这不是改变目标的理由。永远不要因为自己的心血来潮就推翻过去的判断。任何事情都是如此，这会是致命的错误。

六、用三个提问洞察自己的“目的”

一个人忙了大半辈子，付出无数心血，却仍不知道自己在做些什么。这样的人生就是“灰色”并不堪回首的。问题是，在迈出努力的脚步之前，你看到的是什么？是如何安排自己的人生和规划未来的？

如果你过了 10 年仍然找不到目标，就等于灵魂的自杀。

如果你走到最后发现一切的努力都是错误的，说明你对于自己的判断从一开始就是错误的。

有一天我读到一段话，是一位作家写的：“人生最难的事情有三：一是认识自己，知道我是谁，想做什么，能做什么，长在何处，短在何方。二是遵从自己，返璞归真，以一种最简单、最适合自己，又能取得最大效果的方式行事，将自己的天然禀赋、天生爱好、人性的优点和长处发挥到极致。三是把握自己，持之以恒，一以贯之地实行下去。”这位作家告诉人们，一个人最难的事情并不是怎样洞察和驱使他人，而是如何认知和驾驭自己。

大约 20 年前，我初到美国时的经历和今天的大学生刚毕业时的情景一样，两眼一抹黑，未来就像被打上马赛克的电影——目标是模糊的，行动也是不确定的。一般来说，当人处于这种状态时，他的前途一定是充满风险的，有太多的变数在等待着他。所以当时对我来说，“想做什么”并不是最让我恐惧的，“未来会变成什么样”的问题才让我日夜难眠。

有一天，我坐在房东提供的一张破沙发上，拿出一张纸，想到什么就写什么——所有我在未来可能从事的职业都写了下来，然后看着这个长长的单子，我流了一身的汗。

· 餐馆洗碗工。有统计显示，闯荡美国的华人 76% 的第一份工作都是去餐馆洗碗和刷盘子。我能例外吗？

· 送货员。不需要任何美国本土学历，甚至不需要懂太多英语，能吃苦、会开车、有体力就行。

· 活跃在大学门口专门服务中国留学生的皮条客。卖衣物、食物和当资源中介的性质都是一样的，靠服务的差价赚钱。

· 为华人富商服务的地产经纪。如果在国内混不下去，到美国当地产经纪总是一个必备的选项。因为有一个庞大的华人市场。

……

类似的选择我列了足有 30 条，上面这些职业有哪一个是我想干的？没有，但恰恰都充满了最大的可能性。于是，我不得不擦去满额的汗水，认真思考这个问题：我来美国的目的是什么？我能看到现实并看见自己的未来吗？然后我告诉自己：我要让头脑清楚，我要让思维犀利起来！因为这事关自己的一生！

所以，我按照三段式分析法的模式展开自我分析：

我是什么人？（Who am I？）

我反复地询问自己是谁，并将自己定位在“观察者”的视角。然后我给出了一些回答：

· 我是一个从中国来到美国想改变自己命运的人；

· 我有大学本科学历，我学习了工商管理；

· 我有一定的商业知识，也对商业十分感兴趣；

· 我年龄不到 30 岁，正是人生的黄金时期，因此精力充沛。

我想做什么？（What do I want to do？）

这时，我开始分析自己想做什么的问题，是“我需要什么”，而不是社会提供给我的可能性。

· 我想成为一个能独自安排自己工作的人，不想在工作中时刻受控于他人；

· 我看到了自己的志向，是做一个商业服务人员，或者成为一名企业家；

· 我需要在商业活动中体现自己的价值，而不是在办公室和文稿中间，我不喜欢乏人关注。

当我完成这一步时，对自己就有了一个关于未来的定位。我不仅看到了过去，也看到了当下，以及未来的轮廓。

我可以做什么？（What can I do？）

最后，我思考的问题是社会和环境允许我做的事情，而不仅是我需要的目标。即，我要看到方向，同时也要看见方法，要将理想和现实有机结合起来。

· 我可以做的事情并不在上面单子所列，比如销售；

· 我可以从最基本的市场销售工作做起，或者是做一名市场调查人员，实践自己的所学；

· 我也可以去从事市场培训工作，增加自己的见识，或者接触那些大企业的管理者，制造机会与他们合作。

在我们不能进行一次完整的分析时，你对于自身的“目的”的印象往往是模糊的。有很多人都这样告诉我：“我偶尔在清晨醒来时意识到自己应该做的事情，但当我刷牙洗脸、吃完早餐后，大脑中那些十分重要的提醒已经烟消云散了。如果我能郑重地和自己进行一次对话，也许就能改变这种局面。”

一点都没错，要提升自己的洞察力，不仅仅要知道别人都是谁，更重要的是你可以告诉大家你是谁，你想做什么，以及你准备怎么做。在 10 年前，找到正确目标的人现在已经取得了人生的成功；在 5 年前，找到正确目标的人现在即将成功。那么你呢？假如现在你洞察了自己的人生目的，未来你会在哪一个时刻成功呢？我不能告诉你答案，但我能肯定地说：

你会走上一条清晰而且正确的道路。

第四章

精准和快速地看到本质

爱默生说："人们只想看到他们想看到的一面。"眼见不一定为实，亲眼看到的也未必就是"真实"的。你一直以来所认可的"本质"，有可能只是有意涂抹的假象。我们看到的仅是自己"想看到的信息"。在多个可选择的事实之间，我们总会选择那个自己最想相信的选项。你看到什么，首先取决于你想用它做什么，其次则取决于你的眼光、知识水平、视野和规划。

一、从环绕的“信息闭环”中解放出来

在2014年上映的德国电影《我是谁：没有绝对安全的系统》中，有一句经典的台词：“人们只想看到他们想看到的一面。”这句话源于美国思想家爱默生，他认为每个人都会用、也擅长用谎言欺骗自己，将大脑改造成自己愿意接受的样子，以接受新的大脑思考出来的事实。

也就是说：

· 眼见不一定为实。我们亲眼看到的也未必就是“真实”的。

· 我们看到的仅是自己“想看到的信息”。在多个可选择的事实之间，我们总会选择那个自己最想相信的选项。

为什么会这样呢？难道人的观察和思考能力不是受自己完全控制的吗？答案恰恰相反——正是由于对客观世界的观察和认知受大脑（自我）的完全掌控，所以在选择注意、观察对象的时候，人们总是会根据个人的需要、兴趣、情感及过去经验等来做出判断——我希望它是什么样的；过去它是什么样的；我认为它是什么样的；它应该是什么样的……基于这些逻辑机制，事实在人们的眼中呈现出来的东西会逐渐向一种预设的形象靠拢。当然，假如对方的某种属性非常特别，也会引起人们的注意。

爱默生的话不只是揭示了我们进行观察和思考的基本特点，还告诉我们一个值得警醒的事实——如果你要精确和快速地看到事物的本质，就必须跳出自己的大脑预先设置好的“信息闭环”。即：

· 我们在别人身上看到的只是外在的自己。

· 我们从每一件事情上看到了自己所想要的东西。

"你所希望的"是问题的根源

谷歌人力资源部门的培训顾问中有一位哈佛大学的心理学教授朗格。她常年研究潜意识机制对于人具体思考及行为的多种影响，也就是"可能心理学"。在相同的事物面前，人的观察和判断总是存在不同的可能性。每个人直观的感受都是不一样的，即使观点最为趋同的两个人，他们对于问题或目标对象的认识也会略有分歧。这就是可能心理学研究的领域。朗格认为人们的心中都有一个自己所希望看到的现实。这一环节的存在导致了人们在判断力方面的差距。

"我们经常猜测别人接下来的动作或者想法。我们想直观地做出一些判断，想尽快做好准备，但这些多是基于自己的想法。说好听点就是：推己及人。其实是潜意识中的投射作用，是把内心希望的事实或想象的东西投射出来。然后我们经常不分好坏就胡乱投射一通，并不在乎对方的真实感受，也不在乎事实的真相究竟是什么。接下来，我们做的就是把投射出来的自己保持在这个人身上。于是我们所看到的、所接触到的这个人就会一直是我们所希望的那样（因为我们确实希望他是那样）。在社会心理学里也有一个类似的观点：你对别人什么态度，别人就会对你什么态度。这就像德芬说的：外面没有别人，只有我们自己。"

这使我们距离事物本质的距离越来越远了。因为在大脑中，经过特定挑选和组合的信息构成了一个逻辑的闭环——无论外部有多少新的信息产生，你都不会接受，或者不会看见。你认定了已经形成的判断，因此会不惜一切地捍卫这些已形成的"事实"。

例如，当你以为一个人对你"不好"的时候，你所想到的与他有关的信息将全都是他对你"不好"的信息：

· 某月某日他没有接我电话，也没有回我电话；

· 某年某月我被公司罚款，一定是他告的密；

· 有一次我在路上跟他打招呼，他对我视而不见。

这时你的大脑会自动屏蔽一切其他信息——凡是记录你们之间友好情谊的信息都会被赋予另一种解释：他是假装的，那不是真的。人的大脑这时自主挑选信息，把它放入思考机制，得出一个最直接的判断：他是一个坏蛋，至少对我是不友好的！

但是请记住：那只是你以为。当你认定他不友好时，事情的真相或许是，他当时正在心烦某些事情，又或许是身体不舒服，才在某一时刻忽略了你的存在，没有回你的电话，或者没有看到你跟他打招呼。

这时，如果你坚持原有的判断，对他的态度就会不那么友好。你发出了一个信号，他很可能会在某一时间捕捉和接收到。于是，他也会开始变得不友好。你们之间的关系就这么变差了，你心中的想法得到了实现。

用一个专业术语来说就是：自我实现的预言。在信息闭环构成的逻辑回路中，人的直观判断机制被预先缠上了一个套子。不管你怎么思考，结论都是已经埋好的，你很难并且也不想跳到外面，看看其他结论。经过一系列相互的心理作用，在预设结论的逻辑分析中，你会最终实现自己最初的预言——从认为某个事实是对的，到最后自己发现这个事实是对的。比如你和某个人的关系，通常都是由一个潜意识的种子（你认为他对你不好）开始，逐渐成为一个现实（在你态度的影响下，他不会对你态度友好）。

在与谷歌公司人力资源部门的合作中，朗格教授提出了一些方法，帮助谷歌公司培训员工的快速判断力。她说："重要的是准确判断，而不仅是速度和数量。在信息化时代，这有点困难。我们的大脑受到许多意外因素的影响。我们有时宁愿相信坏的东西，进而做出更坏的判断。"

打破“信息闭环”的两个原则

在谷歌工作的经历，推进了朗格教授在可能心理学方面的研究，她提出了两个原则：

· 在确认收集到充分的信息之前，不要轻易做出判断；

· 在得出最后的结论之前，先假设一下相反的结论，这会让你看到完全不一样的信息。

很多时候，一件事物的本质就在“下一秒”——在你做出最终判断的下一秒。人们经常后悔地说：“我再等一会就好了。”“我再想想就好了。”人们急于得出定论，所以距离本质问题总差一秒或者最后一步。

所以不要着急，想清楚，反而能加快你洞见的速度，提高我们做出判断的效率和准确性。就像朗格说的：“一个头脑犀利的人，一定不是一个冲动的人。”

怎样将大脑的固有运转机制开发出积极的一面？

首先，我建议人们充分地利用我们的潜意识中“心想事成”的那一方面。人们思维中的“心想事成”不能指代具体的某一件事，而是应该作为一种信念或者是高尚的人生目标——不要把它停留在物质层面。比如想买一栋别墅或一辆豪车之类的物质目标。它无法适用我推荐的原则。你可以从多方面来观察、描述和判断一个事物，进而指导自己的行动。

比如，你的信念是“帮助别人”。如何心想事成？你可以选择咨询师、培训师、教师等职业，传播知识，提高人们的素质。你也可以选择当一名厨师、科学家或者其他服务人员，都能给别人提供帮助，只是方式不同。如果你愿意，你总是可以在一个事物中找到自己所想找的积极的价值，进而将自己从“消极的信息闭环”中解放出来。

其次，不要再像过去那样“被痛苦吸引”。每个人都具有一种天然的特质——容易受到痛苦的吸引。如果你看到的是痛苦，那么你内心所希望得到的经常也是痛苦。这是另一个不可忽视的信息闭环：假如你总是收集消极和负面的信息，说明你在盼望一些痛苦的东西。如何才能摆脱怪圈？方法就是，你要认识到所有的痛苦都是自找的，包括错误的认知，它都是由我们的大脑制造出来的“结论”。

只有在你愿意从这样的信息闭环中解放出来时，只有你发自内心地愿意，你才能看到外部世界不一样的新鲜信息，然后发现积极的结论。

二、用问题直接否决“问题”

十几年前的时候，我在洛杉矶认识了一位做了大半辈子生意的前辈。那时我的事业处于转型期，在洛城新成立的公司初期运转不顺，客户少，问题多。我一度心灰意冷，想放弃在洛城的尝试，重新回华盛顿发展。这位前辈跟我说了一个道理：

“你会遇到很多事情，每个人都会遇到。不管是顺境还是逆境，关键不是这些问题，而是你能否辨别这些问题的本质，然后再去解决它们。所以面对问题时千万不要逃避，需要处理事情时就去做，处理不了的时候就放下，事情造成的后果由自己接受。要直接一点，不要把问题搞复杂。”

就是说，要直面逃避的真相——人们习惯性地逃避，这已经是一种普遍的现象。正因为此，人们才看不清事物的本质，头脑才会变得钝化。“看清问题”要比“得到答案”更重要，只有懂得如何提出问题，分析问题和解决问题，我们才能发现最后的结论，找到解决问题的途径。

规避问题和逃避痛苦是人的天性

这位前辈说，人生就是一种千奇百怪的闯关游戏。你要闯过许多从没见过，甚至没听说过的关卡，但你不能后退，也没有资格逃避。即使你对它视而不见，它还是会在那里。你早晚都会转回来，再次面对它。这就是为什么那些习惯当鸵鸟的人最后仍然要把脑袋从沙子里拔出来，区别仅是他比之前更痛苦了而已。

因此，当我们看到一个问题（难题）挡在面前时，应该先提出两个疑问：

· 对方法的疑问：我哭哭啼啼，怨天尤人，或者感叹自己运气不好，就能解决这个问题吗？

· 对本质的疑问：假设问题是存在的，这个问题本身的“问题”是什么，有没有破绽？

要面对问题，然后才能解决问题。就像打游戏需要通关一样，不论是生活中的琐碎小事，还是工作中接连不断的任务，你都要看清一个本质问题：逃避问题就是接受失败。只有直面所有的麻烦，思考解决的方法，这才是一种具有洞察力的做法。当我们可以一步步、一段段地处理眼前的问题，完成既定的计划时，生活才能回报给你短暂的空隙，并让你享受片刻的宁静。

要学会用问题去否决问题，发现背后隐藏着的真正的问题：

· 不要急于承认问题，而是开启怀疑的步骤；
· 承担责任，但要收集真实的信息；
· 在尊重事实的基础上，制订客观的计划；
· 采取灵活而不是刻板的行动，直接解决问题。

这四点看上去都非常简单，但能做到的却寥寥无几。因为规避问题和逃避痛苦是动物和人类的天性，也是影响人类的洞察能力的根源。做不到这四点（四个步骤）的人，多多少少都存着“受无关信息干扰”和“注意力容易分散”等问题。

根据我们的调查显示，超过 99% 的人都习惯于直接承认问题："哦，好吧。"他们很少站在问题的侧面去思考："真的是这样吗？"无关信息的存在让人们没有精力调整思考模式，因此很难快速地看到问题的本质。

走出思考的"牢房"

郎格教授说："这等于人为地给自己建造了一座牢房。人们把大脑装在一个坚固的牢笼里面，从外面进来的信息经过特殊的过滤，经由一个固定的思考逻辑进行加工，再得出一些似真实假的结论。世界在他们的眼中已经定型了，很少也很难出现变化。所以，人们看到的东西总是一成不变的。他们不会在今天考虑昨天的常识是否正确。他们只会困惑为何有些道理今天行不通了。"

我见过一些非常愤怒的办公室精英，他们面对变化束手无策。有的人生气地扔掉手中的文件，或者拿着电话大声地争吵，只因为一个有分歧的结论。当一个人的思考被锁进牢房时，他就只活在一个环绕大脑的"信息闭环"中，很难接收新鲜事物，也不容易看到那些真实的问题。

只有极少数的人能够跳出思考的牢房，继续探索、扩大和更新自己对世界的认知，直到生命的终结。在这个过程中，可以不断提高自己的洞见力，直观地了解世界，发现本质，高效地生活和工作。这需要不断克服巨大的对于未知的恐惧，和修订思考模式所带来的痛苦。

郎格教授说："在谷歌公司有一项诚实法则，每一名雇员都需要诚实地面对自己，才能高效地处理工作，解决问题。诚实可以带我们抵达真理，它让人敢于接受外界的质疑和挑战，也敢于接受不同的信息，由此确定自己的判断是否与事实相符。否则，我们就只能活在一个人的个人幻想中，活在一个思考的匣子里。"

——我们不要做这样的人："不许质疑，我是你的上司，在这里我说了算。"

——我们不要做这样的人："就这样凑合着办吧，问题已经发生了，我们没办法改变。"

——我们不要做这样的人："我这么努力了，为什么还有人跟我过不去？"

——我们不要做这样的人："你说什么我不想听，我也不想去考虑你的建议，总之问题不是我的，是你的！"

……

如果你故步自封，逃避挑战，问题就会像老鼠一样不断繁衍壮大。最终，你的生活就会被问题淹没。只有超越问题，能够提出不同的疑问，反思自己的判断，才能实现真正意义上的洞见。从心理学的角度来说，这叫"看见并正视另一个自我"。

三、看到"不同层次"的现实，找出它们的联系

郎格在谷歌公司的培训中说："如果你只是看到问题的人，那么仍然是不合格的。尤其对部门的管理者和工作的主导者来说，你还必须具备这样一种能力，即能够根据所面临的现状找到行得通的解决方法的能力。你要看得到不同层次的现实，然后找出它们之间的联系。"

一个很简单的例子就是创业者找项目。现在很多人都想创业，也都在想尽办法创业。2015 年春天的时候我到上海参加一个研讨会。一位投资机构的负责人对我开玩笑 ："互联网 + 的概念提出来以后，人们不是在创业，就是在去创业的路上。"他说的是一种现象，但现象的背后是什么？就是创业者对于项目的观察和选择。他们是如何认识项目并且发现市场的？

我在上海遇到一位年轻人，是个不到 30 岁的姑娘。她从上海交大毕业后，就去美国的某家互联网企业学习了两年。用她的说法就是："我去那儿不是为了赚钱，也不是为了拿到绿卡。我对留在美国没有兴趣，只想在不同的

环境中理解互联网。我要找到自己要做的事业。”在美国的两年，加上回中国后的三年，这五年的经历让她对互联网有了不一样的看法。她在选择创业的时候就比其他人谨慎了很多。因为她看到了互联网这个事物很多深层次的本质。她能在其中一些元素间建立联系，分析它的规律。

比如她提出了两个观点：

· 只懂得互联网，无法做好和互联网有关的生意。因为互联网所有的应用都离不开人的生活，因此必须了解自己所在的市场。

· 互联网既是一个提供商机的平台，又是一个工具。假如不能充分开发它的工具性，就很难实现持续的进化。

所有可能性唯一的交集，就是我们要找的问题真相。她对于事物的分析能力，让她从“互联网”这个目标对象中找到了很多不同的可能性，然后给予自己一个客观的定位：“我要做的不是互联网生意，而是和人们生活有关的产品，也就是要植入中国人的生活。”于是，就在人们认为她要去某些高档的写字楼办公或开创自己的事业时，她选择的却是在上海郊区租下一家民院，成立了自己的绿色蔬菜线上销售平台。她的公司成立不到 3 个月，就获得了数家投资机构高达 500 万美元的融资。

看待同一个事物、同一个问题，不同的人的眼光是不一样的，看到的层次也有所区别。不过，层次的划分并不是绝对的，而是相对的。就拿互联网来说，你看到什么，首先取决于你想用它做什么，其次则取决于你的眼光、知识水平、视野和规划。两者之间既有差异性，又有内在的连续性，共同决定了一个人的判断力。

四、重新定义"思维的路径"

在心理学上，思维是一个人借助于语言对客观事物的概括和间接的反应过程，它以感知为基础，同时又超越了感知的界限。通俗地说，思维的基础就是我们对于事物的直觉，但在得出判断的过程中，又超越了单纯的直觉，经由理性的分析探索与发现事物的内部本质联系和规律性，实现正确的判断。

思维需要媒介。我们只有通过媒介的作用才能认识到客观的事物，再借助已有的知识、已知的条件和经验来推测未知的事物。媒介分为两种：一种是无形的，比如信息、观念等。另一种是有形的，比如客观存在的人、事和媒体工具等。媒介向我们传达信息，帮助我们搜集思考的资料。没有媒介，思维就是无源之水。

思维具有概括性。无论是人的思维，还是动物的思维，都具有高度的概括性。它表现在我们对于一类事物非本质属性的摒弃和对于其共同本质特征的喜好。通俗地说，我们在观察一个事物、思考一个问题时喜欢找寻它们（同一类）共同的规律，把它总结出来，然后形成经验，运用到相同的事物和问题上面。

直觉思维和分析思维

问题是，人的直觉和分析型思维，这两种不同的思维方式，哪一种更为犀利呢？

直觉思维更为"直接"，它更多依靠我们对于问题直观的判断和经过高度概括的经验，力求在最短的时间内发现问题的本质，找到解决问题的方法。分析型思维在特征上表现得更为理性、谨慎一点。如果没有确凿的过硬的证据，或许就很难得出结论，因此在速度和效率上不如前者。

但在我看来，这两种不同的思维路径，其实是有相通的一面。对于直觉思维和分析思维的问题，美国教育心理学家布鲁纳也提出过自己的看法，他说："在过去，人们在教学中只注意发展学生的分析思维能力，今后应该重视发展直觉思维能力。"他对比了两者的不同，"直觉思维不是以仔细的、规定好的步骤前进为其特征的。它倾向于从事看来是根据对整个问题的内隐的感知的那种活动。虽然略粗糙，但更快速直接，容易直达本质。"

布鲁纳的观点说到了本书的主题——如何快速发现和判断问题的实质？这就是我们追求的不凡的洞见能力。只有那些顶尖的成功者才具备这种能力。实际上，直觉思维的特点正匹配了这一目标。通过直觉的路径，我们以知识和经验为根据，可以实行思考的跃进，获得一种决定性的突破，绕开障碍直达终点。

比如，当巴菲特计划投资某一支股票时，他的技术团队总是夜以继日地搜集和统计这支股票最近几年来的各项数据，画出各种表格，再用数据模型进行分析。但在巴菲特看来，虽然严密的技术分析有时是必要的，却不是让他做出决策的充分条件，甚至不是主要的条件。巴菲特会拿到这家公司的年报——去年的、前年的、或许还有一些股市投资者通常不会看的其他辅助材料，比如这个行业的"丑闻率"等，然后直截了当地做出他的判断：

"买，或不买！"

他依据的是多年的经验所形成的一些基本规律，也就是理性的直觉。虽然比较分析的方法能得出精确的数字，可这些东西在股市上往往是不适用的。因为除了上帝，没人能根据数据来预测未来，他要的论据是"人心"："市场的信心非常重要。这需要我直接看到这家公司的经营状况，还有，究竟是什么人在管理公司。如果我能了解这方面的信息，那就足够了，不需要其他的数字。"就像他对《华盛顿邮报》的投资一样，这是直觉思维最典型的一次胜利。

直觉思维的价值表现在这三个方面：

· 实行跃进；
· 越级思考；
· 采取捷径。

通过规避常规思考的重重障碍和繁琐的程序，使问题快速获得解决。这不仅是一种天赋，更是后天训练带给我们的特殊本领。布鲁纳认为，我们应该尽一切可能从最早的时候便发展这种直觉的天赋。他说：

“形象地说，就是要有本领发现证明的方法，而不只是注重分析和验算的过程。看到苹果掉到地上，就知道这是地心引力的作用，而不需去计算引力是如何发挥作用的。”

直觉的路径

在试图发掘我们的直觉时，路径是什么？

有一位广告设计师表示：“在我看来，直觉就像是灵感的代称，但每当老板把一个任务扔给我时，我所有的灵感就都消失了。在规定的时间内，我能做的除了在画板上不知所云地涂抹，就是趴在办公桌上托着腮帮发呆。”

我发现如果离开数据、电脑和图纸，许多人的大脑都变得“笨手笨脚”：

“这个问题，我从何入手？”

“我该做出怎样的判断？”

“没有电脑的判断，我自己的结论正确吗？”从很久以前开始，人们的大脑就失去了应有的犀利，直觉思维让位于电脑程序式的分析型思维。为了强化洞见能力，能够直观地解决各类问题，我们需要找回自己的直觉。因为它在各行各业均应用广泛，具备强大的正面效用。

比如，历史学家在探索自己的领域时，直觉思维就起着非常重要的作用。他不需要收集全部数据，而是只需要选择有关联的事物，就可以发现内在的规律。他也并不需要查明或记录某一时期的全部事件，只需要将其中的一些论据（有关联的）串联起来，就可以明智地猜想到“还发生过什么别的事情”。

正确的答案

最后，我们也应该承认直觉思维和分析思维之间的关系是相互补充和相辅相成的关系。直觉以大量的经验和历史的分析为前提，才能做出最接近本质的判断。分析思维则对我们的直观判断起着验证的作用。一旦我们依托直觉的方法获得了某些结论，可能的话，就应当用分析的方法进行验核与佐证，实现理性的统一。

平时多思考，关键时刻就能产生灵感的火花。许多心理学家和成功人士都强调直觉在判断上的重要性，这无疑是正确的。但它需要建立在平时勤于学习和思考的基础上，因为许多发明、发现和创造，经常都是在解决问题的过程中基于丰富的知识储备与努力才靠直觉思维发现正确答案，然后再用实验和分析思维去证明。这就是说，犀利的洞见力源于平时努力的思考。

提升直觉思维能力，要采取有效的方法。首先要有自信和勇气去猜想事物的各种可能性，并促使这些猜想向合理的程度发展。为什么一个问题的答案必须是 A 而不能是 B、C 或者 D 呢？为什么火烧眉毛的时刻部门还要开会而不是果断做出选择？为什么不能绕过传统的步骤、跳过繁琐的程序直接采取最有力的行动？你必须能够质疑那些阻碍我们直观判断的常识和障碍。其次，要为自己创造必要的学习条件，积累知识，重复地训练某些技能，然后对事物和问题产生某种直接的感受。

五、撕开事物的伪装，直达问题的本质

在本章的最后一节，我们要解决一系列有关直观思考的程序问题，帮助

你在“似是而非”的信息中更快地发现正确的答案。我们在平时的生活和工作中观察事物时，会发现很多问题的表面都披着一层乃至多层的伪装。这些问题不仅具有难以分辨的迷惑性，还具备相当强大的倾向性。

史密斯在一次讲座中提到了他与客户进行商业谈判的故事。他说：“尽管互相提防，充满不信任的气氛，但我们仍然要努力看到双方的诚意，达成圆满的合作。谈判就是揭开各自伪装的过程，逐步触及问题的实质。所以，一个谈判高手经常是一个卓越的观察家。他的洞见能力一定是非常强大的，能够在第一时间看到事实的真相。”

借助谈判——这一极具欺骗特征的行为——史密斯提出了 8 个问题供人们思考：

· 当方案 A 成为一个“必然选项”时，你还会不会考虑有没有现成的替代方案可以帮助你实现目标？

· 你有什么依据（模式）来判断替代方案 B 或 C 有可能比 A 更适合帮助你实现目标？

· 随着时间和环境的变化，之前的因素对你还有参考价值吗？你认为一个问题的结论是否有赖于某些特定的时间点或者事件？

· 我们每一个判断可能产生的后果是什么？可能性有多高？

· 我们采取某些行动的时机如何判断，是否意味着会付出一些代价，比如放弃其他的一些机会？

· 如果你做出了一个判断，继而做出了一个选择，那么什么将发生，什么又不会发生？

· 你辨别事物真伪的标准是什么，有没有自己有别于别人的标准或体系？

· 你是否会从不同的角度考虑问题，从系统化的视角来看待事物的每一个元素？

史密斯认为，这 8 个问题是人们在生活中经常用到的。通过对这些问题的回答，你可以看到并寻找最可能帮助自己发现问题答案的方案，制订实现目标的正确计划。

原则上讲，我们首先要战胜的是“自我欺骗”。在那些复杂而具有欺骗性的信息中，许多信息其实是人的大脑自行创造的，为的是让自己相信某些“既定的结论”。没有人可以做到绝对的客观，但至少不要不假思索地接纳潜意识提供的答案。

其次，要考虑到不同的可能性、对于事物和问题的动态发展做好充足的心理准备。即：没有事物是一成不变的。今天的问题到了明天，也许就不再是问题而是机遇；今天的机遇到了明天，可能就演变成了一个陷阱。问题是，你是否能够及时调整自己的心态，用开放性的视野与思维对待这些变化中的事物？

影响判断的“偏见”

现实中，有许多因素会影响我们的判断，个人兴趣、情绪或者心理原因带来的偏见会导致你产生误判或者偏离正轨的选择。影响我们做出判断的因素有很多，最常见的因素有：

个人兴趣：每个人都有自己的爱好。喜好不同，对同一事物做出的判断就会有所区别。如果喜好差别过大，有时甚至会得出完全相反和对立的结论。

情绪或心理波动：随着情绪的波动和心理状态的变化，人对于同一样事物的判断也会产生不同的观点。在阳光明媚或狂风暴雨的时候，人们对“出门购物”这件事的看法就可能持相反的态度。心情不好时，看待问题也会相对消极。

性格问题：开朗、包容或偏执、狭隘，乐观、积极或自闭、消极，性格上的差异深刻影响着人们对于问题的判断。面对一个不利的变故，积极的人看到的是机遇，消极的人看到的是灾难，性格决定着我们能够采取的行动，乃至决定着一个人的命运。

立场：我们的立场决定了某些问题的倾向性。有句话叫“屁股决定脑袋”，说的就是这个问题。现实生活中人们“拉帮结派”，组成各种阵营，达成攻守同盟。在这种情况下，立场便成为判断的主要依据。你眼睛看到的未必是你想做的，你内心认同的也未必就是你主张的。

环境和时间因素：在不同的环境中，或者随着时间的变化，我们的心态、阅历及观点都会发生变动。极端的环境最容易让人产生偏见，比如在愤怒或压抑的环境中，我们面对积极的事物也很难接纳。有句话叫“此一时，彼一时”，表现的就是环境和时间的变化对于人思维的影响。

总有一种原因可以解释我们的偏见，但有什么方法可以克服这些因素？我们在平时所得出的结论或者选择的事实中，存在偏见的概率有多大？我们进行事实判断和价值分析的依据是什么？弄清上述问题，有助于你检查自己的思考能力，从复杂多变的信息中迅速发现那些有力的根据，直至看到背后的真相。

用假设来证伪

一个很好的方法是“假设”。假设你想要达成的目标——

- 我的目的？
- 我的方法？
- 我的判断？

带着这三个问题，我们提出不同的假设，并用每一种假设去检验对于事物的评估和初步的结论。比如，当你发现一门生意很“诱人”时——合伙人向你许诺了60%以上的回报，而你只需要拿出20万元并耐心地等待6个月，就能赚到至少12万元。很显然世界上没有这么好的买卖，如果有也将冒着巨大的风险。你如何在 5 分钟的时间内就看穿合伙人的小把戏呢？

这时的三个问题就是：

- 我是不是想赚钱？答：是。
- 我是不是有能力驾驭这门生意？答：没有。
- 我对这门生意的判断是什么？答：风险很高。

这是很简单的逻辑问题，你只需要发现其中的关键要素，并对它们做出评判，然后整个问题的本质就能呈现在眼前。于是，你不仅拒绝了合伙人的请求，而且很可能回家之后就删掉他的电话号码，并把他从微信或其他联络工具中拉黑了——因为他是个骗子。

第一步：对于每个事物（问题）都要提出假设。

包括我们在处理任务时的每一个可能的方案，你都要做出恰当的假设：假如可行，能达成我的目标吗？对与其有关的每一个观点都要问一句：这个想法是对的吗？假设它是对的，在用结果证实之前，我能采取的方案是什么？我能否在结果出来之前便进行证伪？

第二步：要完成假设，我需要先知道些什么？

一个我们关心的问题是，要对某一事物或要求做出判断，我们总是需要收集必要信息。但在信息的收集中，证伪的必要性同样存在。首先，你必须知道什么类型的信息能够让我们做出判断；其次，你必须懂得对信息的来源进行分辨，并知道哪些信息才是最关键的，哪些信息则具有欺骗性。

第五章

摆脱“结果导向”，重建“判断系统”

为什么你的事业取得了成功，却仍然感觉不到幸福？“成功”在技术上是一个可以量化的标准，但如果只看到成功，就会产生很严重的问题。为什么人人都在当马后炮，事前却看不清呢？为什么在不同的人眼中、在不同的环境或者当你以不同的立场、角度来看待同一个事物和问题时，总能发现不一样的东西？我们的每个行为背后都对应着一个原因，人们先看到的是对自己有利（有害）的东西，然后一定会做出针对性的行动，避免有害的事情，同时最大限度地获利。

一、结果导向，让人失去了幸福的能力

这几年有很多人来找我，都问我同一个问题："为什么我事业取得了成功，却仍然感觉不到幸福？"这是一个大众化的问题，几乎每个人都有过这种从抱怨到困惑的心路历程。没有机会时抱怨社会不公平，成功以后又发现并没有获得幸福。

是什么导致了这样的结果？答案就是——如果你在生活中不管做什么看到的都是结果，你一定会失去幸福的能力。一定要具有超越结果至上的心智模式，抓住生活中最宝贵的东西，学会欣赏路边不一样的风景，我们对生活的判断才会具有更高的品质，才能洞见并捕捉幸福的真谛。

以功利主义为核心的结果导向

最近，我听朋友说到了一个小故事：

有一位很有能力的年轻人，他整天忙于追逐名利，失去自我，痛苦不堪。于是父母建议他去修道院，放空心情，在那里静养一段时间，思索人生的真正价值。过了一个月，父母给他打电话，询问他在修道院的生活是否适应。这位年轻人十分高兴："爸爸妈妈，我在这里过得非常好，悟出了很多之前没有想过的道理！我现在已经是一位优秀的神职人员了！请您再给我两年的时间，我一定可以当上修道院院长！"在去静养的时候都要争取坐上院长的位置，这种人活得一定是很累的。

这个故事的寓意也很明显，注重结果本身是没有问题的，因为任何人都

想把事情做好。将事情做好，体现了我们的价值，就会带来成就感。但是盲目而功利地追求最后的结果，忽略过程，忽略初衷，只以结果为导向，则会产生很严重的问题。“结果至上”的心态会改造一个人的思维，使他事事以“成功”为标准，眼睛看到的都是成功后的景象，在判断问题时就会失去平和的态度。

当然，不可否认的是，任何一个人在其一生中所追逐的目标都是成功——家庭的成功、事业的成功、人际关系的成功等。“成功”在技术上是一个可以量化的标准，这没有问题。如果你对目标有着饿狼扑食般的渴望，有着不达目的誓不罢休的决心，碰到合适的机遇，加上好运气的眷顾，就可能坐拥金银、腰缠万贯，进入社会金字塔的上层，或者呼朋唤友，拥有强大的人脉。但这只是世俗意义上的“成功”，只为了目标，难以获得真正的开心。因为幸福的本质，是在追寻和实现目标的过程中得到的。

我们以一位基金经理为例。基金经理的客户拿钱过来投资，肯定是以结果为导向的，那么整个行业也会以结果为导向，基金公司及其制度、经理人的从业和工作标准也以结果为导向——赚钱就是目的，而且要最短的时间内赚钱。这位基金经理在他的事业上所看到的只有数字：价格上涨时，幸福；价格下跌时，痛苦；价格崩盘时，则是一场灾难。如果你是一位基金经理，如何看待这个问题？

这是我在跟华尔街著名投资顾问菲尔的聊天中提出的问题。他那时正春风得意，操作了一笔盈利 3 千万美元的单子，是最受欢迎的操盘手之一。但是菲尔说：“我并不感到幸福，哪怕赚了一个亿，我也每天提心吊胆。”在菲尔看来，如果一个人失去了对过程的感悟和直观的理解，只注重结果，那么不管是成功还是失败，他都会逐渐失去幸福的能力。

我们今天活在一个浮躁的社会中，人们思考和做事的模式与社会的浮躁氛围有着密不可分的关系。功利主义在大行其道，导致大多数人都在一味地追求短期利益，忽视长期的收益，对于过程也十分疏忽。要摆脱这种局面，就必须重新思考结果和幸福的关系，不断地自我修炼，把“结果至上”的思维逻辑抛弃，发现过程中的乐趣。

人是情绪化的、功利的动物，以结果为导向，或许可以让你变得很优秀，但单纯的结果导向是很难把人引向真正卓越的。你看到的是成功的结果，失去的却是一段段值得品味的经历。

以结果为标尺，难获真正幸福

任何一个人的身上都混合着幻想与实干，混搭着功利与理想，所以那些手把手教你设计人脉的图书会超级畅销，梦工厂编造出来的梦幻电影也会大行其道。而这两者的受众是高度重合的——都是信奉“结果至上”的群体。在一个幻想的世界中，人们无所不能、为所欲为，但在现实世界中却处心积虑、谦恭卑顺。这就是人的两面性，一方面希望拥有完美的人生，另一方面又功利地追求最后的结果，因此不管做什么，都很难真正地称心如意。

菲尔打了一个比喻：“就赚钱来说，谁能算是真有道德的人呢？为了结果，我们只能变得不道德。评判一个人是否幸福，不能只看这个人已经做过的事，还得看他的目的和冲动；幸福的真正依据，不是已成事实的行为，重要的是尚未成事实的意向。”

怎么理解这句话？在分析一件事物时，你要有一种全局观。不仅要看结果，也要看事情的初衷，以及事情的发展是如何导致“现有结果”的。

一个人为了某个结果努力是没有错的，但是过于努力、功利的时候，人的思考和判断力就会显得十分笨拙，无法对问题进行灵活和多向性的分析。并且，时常会陷入一种欲速不达的焦虑之中。

同样，这个人为了实现自己对于结果的预期，会时常觉得和目标无关的事情是没有意义的，所以他没有办法专心于挖掘自己眼前工作中的深刻价值，反而觉得这么做是在浪费时间。为了快速实现结果，他可能选择去求助、接触更多的人，来帮他缩短奋斗的过程。

但是他忽略了两件事。第一件是：无事献殷勤，非奸即盗，这是大多数人的心理。当你向人求助或进行社交的目的性太强时，通俗一点说就是太主动去通过人脉关系来实现某个目标的时候，别人就会有所防备，他们对你的评价会有所变化，并影响到你所做的事情，即使表面上你们仍然十分和睦。第二件是：你所想象的位置（目标）并不是完美的，即便达到了目的，获得了既定的结果，你也感觉不到满足，因为那时有新的目标等着你。所以，不改变思考问题的方式，重建判断的标准，换到任何的环境，你都很难体会到成功的幸福。

现实中，人们之所以在大多数时候以结果为导向，是因为“想赢怕输”的心理，他们担心结果不尽如人意，不想承担任何不利的后果。

“我害怕——”

当你用这样的句子开头表述一个问题时，不妨问问自己，究竟在害怕和担心什么？究竟为什么而害怕？现在找一张纸，把你认为最糟糕的事情写出来，可以详细到一件非常微小的事，比如“错过前一辆公交车实在太让我生气了”。这样你会发现，那些你所害怕的东西，绝大多数要么是无关紧要，要么耐心等待一会儿就好了，要么就是仅有很小的概率会发生在你的身上。

那么，我们为什么一直在“害怕”、内心时常对结果充满担忧？实际上，无论你承不承认，对于结果的重视和担忧，其原因都来自下面几个部分的混合。

- 害怕这件事本身；
- 身体原因造成的精神压力；
- 对自己的宠溺；
- 将“还未获得的”在潜意识中当作“已经拥有的”。

我们无论做什么事，机会并不是“只有一次”。对绝大部分事情，这个定义都是适用的，你总会有第二次、第三次机会。能够顺利地一次完成，固然令人欣喜，但在开始时实现不了目标，也并非一次严重的失败。但在那些以最终目标为主导的人看来，他们因为有上述因素的影响，并不这么认为。他们太知道自己想要什么，太害怕失败，所以即便成功地实现了目标，也不会感到幸福。

过于重视“确定性”，失去的反而更多。以结果为导向，就是一种对自己思考和行动的“确定性”的估量、定义以及追求。由于种种因素，我们越是想抓住一个东西，就越容易失去它。因为你对它投入太多的感情，以至于无法承受任何一丁点挫败。比如，当你认为“努力就一定有所收获”时，对自己努力过程中所付出的每一步都会格外在意，经不起任何风吹草动。这就是最大的问题，你必须修改它的逻辑，承认“不确定性”才是生活中普遍存在的规律，并愿意接受发生在我们身上的所有变故。

不要再纠结于结果，要懂得享受当下的努力。很多时候，我们自身的纠结不过是因为一种幻想代替了另一种幻想，一个目标取代了另一个目标，实质问题并没有什么改变。我能给你的唯一建议是：人生处处存在着不确定性，不仅仅是“努力能否有收获”的问题，也包括我们对自己生活和工作中的每一个许诺。结果是什么？改变你对它的定义——结果不是一个必须实现的量，而是一个应该努力兑现的过程。那么，既然结果并不是确定的，也不是可以一劳永逸的，为何还纠结其中呢？任何事情的成功都不是一个短暂的成果，往往是我们这一生都要去应对的“麻烦”。所以，享受当下的努力，才能体会到幸福。重视努力过程中的每一次尽力的付出并由此产生成就感，才是你应当看到的人生的本质。

二、人人都在当马后炮，为何事前看不清？

有句话说的好：“一个人在摇旗呐喊时有多么狂热和忠诚，倒戈时就有多么残酷和无情。”这是因为，那些在事前不能清醒地看待问题的人，事后也往往不能客观地对待失败或者不如意。这句话表明了功利主义和投机者只重视结果、唯结果至上的分析问题的逻辑。

就像球迷一样，狂热但又缺乏理智。我在国内看过几次足球比赛，赛前采访球迷时，几乎每个人都激动地表达他对球队的支持，表现得十分忠诚和热爱，并对取得比赛的胜利充满信心。但在赛后再采访他们时，如果比赛是以输球结束，他们又变成了另一副模样：愤怒、失望地指责球队的某个环节没做好，痛骂球员的失误，责怪教练的排兵布阵等。但是，为何在赛前他们看不到球队存在和可能发生的这些问题呢？

在类似的很多场景中，我们都可以看到这种情况，许多人都很擅长当马后炮：“如果听我的就好了，你看果然是这样的吧？”“我早就料定会发生这种事呢！”事实上，在事前他们并没有表现得这么理智。

让自己成为事前诸葛亮，而不是事后的马后炮

张良是秦末汉初的著名谋士和大臣。他足智多谋，文韬武略，并且最终协助汉高祖刘邦击败项羽，赢得了天下，建立了汉朝。熟悉历史的人都知道，张良最大的特点是具有极强的洞察力。他在变幻莫测的情势下能拨开重重迷雾，为刘邦指出问题所在，并给出处理问题的最好方式。在功成名就后，他还能全身而退，使自己避免了韩信的悲剧。

在反秦战争中，刘邦先行攻下咸阳，得意之余，意欲在关中称王。此举令项羽大发雷霆，扬言要与刘邦决一死战。在千钧一发之际，幸好有项伯从中斡旋，局势才稍有缓解。作为项伯的好友，张良此时意识到，刘邦当面向项羽谢罪是眼前唯一的生路，否则项羽必然挥军攻城，剿灭刘邦集团。在当时，双方的实力悬殊，刘邦集团毫无抵抗能力。但是，围绕沛公是否应该亲自去楚营赔罪，军中的将士们争执不下。大家担心羊入虎口，有去无回，因此强烈反对这一计划。

面对着众人的质疑，张良说出了一句历史上很著名的话：“不得虎穴，焉得虎子？”由于刘邦向来对张良言听计从，他决定赌一把，将士们停止了争

议。次日，张良挑选了百余名官兵作为随从，并请樊哙带病前往，在关键时刻保护刘邦。

当刘邦带着张良、樊哙和百余名从骑来到楚营赴宴时，席间的气氛果然一触即发。项羽的谋臣范增怎肯放过这样的天赐良机呢？他屡次举目示意项羽，又再三举起随身携带的玉佩。但不管范增如何暗示，项羽就是无动于衷。最后，无奈的范增使出了最后的一招——让勇士项庄舞剑助兴，意在伺机刺杀沛公。

这一切都被张良看在眼里。当项伯拔剑对舞时，他急忙叫来樊哙。樊哙进入宴席以后，以自己的勇猛转移了项羽的注意力，局势才发生了逆转。于是，张良和刘邦两人趁机假装去上厕所，讲明了局势。之后，刘邦立刻逃回营中，再也没有回到宴席上。张良则回去道歉说沛公因不胜酒力先回去休息，并拿出事前准备的礼物作为答谢。至此，一场惊心动魄的危机便被化解。

张良之所以能够掌控这么凶险莫测的局面，巧妙控局帮刘邦摆脱危险，主要是因为他对形势的分析和判断的准确。他能及时、敏感地意识到问题的关键所在，并且找出解决的方法。更重要的是，他深深地了解项羽优柔寡断的性格，洞察了其弱点。所以，刘邦只要装作谦恭委屈的模样，就可以稳住项羽，为自己赢得生机。

要想成为一个“事前诸葛亮”，而不是事后的马后炮，就要像张良这样，可以冷静、理智地分析局势，判断事情的本质，发现核心问题，并且找到解决问题的最有效的办法。一方面，我们要客观地面对现实，而不是像狂热的球迷一样盲目地自信；另一方面，在结果不如人意时，也要冷静地分析问题，在困境中发现机遇，在失败中看到收获。这才是一个理性的对待事物的态度。

面对不如意的结果，应该看到积极的收获

在《曾国藩与弟书》中有一句话让人印象深刻：凡事后而悔己之隙，与事后而议人之隙，皆阅历浅耳。这句话的意思很容易理解，曾国藩认为，凡

是在事后才后悔自己的疏漏，或者是事后再去议论别人的疏漏，都是阅历浅薄的一种表现。

阅历少而见识浅的人，在办事前容易轻视执行的难度。说起事来容易，但若是真做起事来，因为缺乏经验和能力，结果就是漏洞层出不穷。最后，不仅他自己后悔，同时也会不停地埋怨别人。他看不到现实的问题，而是只盯着最后的结果，于是就把情绪放在心中，也挂在嘴上。这样于人于己都没什么好处。如果不能接受失意的结果，我们就无法为自己的未来积累宝贵的经验，也无法吸取失败的教训，改进做事的策略。解决这种问题的方法，就是调整我们的心态，同时也要改变我们洞察事物的视角：更多地去看到收获，而不是在意自己的付出。

前几年，因为事业和感情同时遇到了一些麻烦，我的情绪非常低落，就在国内很多城市到处逛，希望能找到几个清静的地方调整心情。有一天我来到成都文殊院的三大士殿，看到了那幅著名的对联：“见了便做做了便放下了了有何不了，慧生于觉觉生于自在生生还是无生”。

读了几遍，我恍然大悟，心中深为震撼。因为这两句话非常直观地展示了一种乐观处世与审视自我的智慧，道出了生活的本质。当时我想，在充满大智慧的佛面前，世上一切的事物都渺如河沙，对于我们人来说又有什么是大不了的事情呢？佛说世事皆缘，缘起缘灭无止时，事情发生是缘起，事情结束是缘灭，一切皆是必然，万事皆命定。因此，人应该随缘而安，见到事情发生了，就是缘来了，马上去做；做完了缘就尽了，就要“放下”，不要把事情再放在心上；如果放不下念头，那就反问自己：

- 你还有什么事情是放不下的？
- 你在事前想到过这些问题吗？
- 如果事前就预料到这些问题是无法解决的，你能接受吗？

实际上，假如我们都能用这三个问题与自己进行一次谈话，你就会发现原来这都不是什么重要的问题。只不过，我们并没有及早地给自己提醒，或者接受发生问题的可能性。对每个人来说，都要为自己建立这么一个原则：

一想到自己要做的事情，就立刻着手去做，不要有丝毫等待或者犹疑。但当事情做完后，不管成功还是失败，就应该马上将它放下，不再放在心上。

三、不要用“因为……去做”的逻辑思考，要看到无限的可能性

莎士比亚有一句名言：一千个人眼中有一千个哈姆雷特。这句话告诉我们，要学会从不同的视角分析事物的未来和问题的“无限可能性”。因为在不同的人眼中，在不同的环境中，或者当你以不同的立场、角度来看待同一个事物、同一个问题时，都能发现不一样的东西。

有人说：“面对同一棵树，有人看到了毛毛虫，有人则看到了绿叶；面对同一件慈善捐助，有人看到了作秀，有人则看到了善心。”同理，心怀真诚的人能够感知到他人内心和行为中的真诚，而一个总想欺骗他人的骗子则会觉得全世界的人都在说谎，自己身边没有一个好人。一个无比善良的人会被陌生人的善举所感动，但在缺乏善心的人眼中，他所看到的善就是一种“傻瓜的行为”。

之所以会有这些不同，是因为——从不同的角度看待事物，审视问题，得出的结论是不一样的。所以无论做什么，我的建议就是：要及时地换一种眼光去思考，去感受，你会有更大的收获。角度不同，世界不同。而且，没有任何结果是确定的，也没有任何动机是唯一的。比如成功、失败、好人、坏人、富裕、贫穷、漂亮、丑陋……这些都不是确定和唯一的，也不能将其视为判断的依据和人生的结论。

19 世纪末，在美国密苏里州有一个当地出了名的“坏孩子”。他偷偷地向邻居家的窗户扔石头，还把死兔子装进桶里放到学校的火炉里烧烤，弄得

教室臭气熏天，深为同校师生所憎恶。这么一个孩子，你认为他会有前途吗？多数人都会因为他的恶劣行为而认定他是一个没有培养价值的孩子。他的父亲当时也是这么认为的。在他 9 岁那年，父亲娶了继母，并且对自己的新妻子说：“亲爱的，你要好好注意他，他可是全郡最坏的孩子，让我头痛死了，说不定会在明天早晨以前就向你扔石头，或者干出别的什么坏事，让你防不胜防。你一定要离他远一点！”

继母听了，好奇地走近这个孩子，和他谈话，对他进行了一番了解，然后去跟自己的丈夫说：“亲爱的，你错了，他不是全郡最坏的孩子，而是最聪明的孩子，只是还没有找到发挥他聪明的地方罢了。相信我，他的未来是光明的！”继母对这个调皮的孩子十分欣赏。在她的引导下，这个孩子聪明地找到了自己的定位，树立了未来的理想。后来，他成为美国当代著名的企业家和思想家。这个人就是戴尔·卡耐基，美国 20 世纪最伟大的成功学大师，现代成人教育之父，也是著名的演说家、作家和教育家。

在回忆这段过去时，卡耐基对继母充满感激：“我要谢谢一位伟大的女性。在我处于人生中最叛逆、迷茫和不受人喜欢的阶段时，她没有据此断定我是一个不可救药的废物，给了我正常成长的机会。这也说明，我们无法凭借一种现象或暂时的行为来判断一个人、一件事的本质，我们要放弃功利的心态，学会从不同的方面观察，才能得出客观的判断。”

先成为一个优秀的观察者

你要做一个出色的、称职的观察者，应该去了解身边的人和事、收集不同角度的信息，并从这些信息中得到全面的印象。比如，当你是一位家长、一位老师或一位公司领导时，拥有对孩子、学生和下属的“生杀大权”。在某种程度上，你的判断决定着他们的未来，这时更应该谨慎地观察，再客观地评判，而不是仅凭一个“可能的结果”便匆忙地得出结论：

·“你是一个坏孩子！”

·“你是一个自我放弃的学生！”

·“你是一个废物！”

……

事实是，人有着无限的可能性，未来什么样，并不是今天的某些问题可以确定的。因为每一个人都是那么的独特和不同凡响。在学生时代看我们的未来，你也许可以成为农场主、科学家、诗人、画家、企业家、电影演员、歌手或飞机驾驶员等。每一种角色都是可能的，而你能在 20 年前便看出这一点吗？答案是不能！

所以，先成为优秀的观察者，不要急于得出结论。不管是评判一个人，还是定义一件事，都要在充分观察的基础上，再调动自己内心直观的能力。

没有一成不变的“位置”

有位咨询者说：“每个人都有一个自己的位置，我想找到那个位置，请帮帮我！”但我告诉他，这个世界上任何东西都在变，包括我们的“位置”。没有谁的生活是一成不变的，同理，也没有谁的思维、眼光、需求和立场是一成不变的。人的位置在经常变换，人的大脑和心态也在不停变化。那么，你又怎能真正获得一个固定的和安全的位置呢？

在不同的阶段，你都会有一个属于自己的最佳位置。在这个位置，你看待事物的出发点、参考的榜样、能够收集的信息和得出的结论都与其他位置不同。

比如面对同一个问题：“我最想做的工作是什么？”

在小时候，你的答案是“可以成为一班之长”或者“学习委员”；

在 20 岁时，你的答案是“成为战斗机飞行员”或“科研人员”；

在 25 岁时，你的答案是“成为第二个马云或乔布斯”；

在 30 岁时，你的答案是“成为一名高官或企业家”。

即使看待同一个事物，我们也没有固定的位置。当位置发生变化时，需求、思维逻辑和结论都会随之改变。你今天看到了什么，不代表明天仍然如此认为。所以，结果并不是唯一的，永远不要相信一个设计好的结果，尤其是写在计划上的目标。这就像一颗幼小的橡树苗，你可以随意地折断它。等到它长成一株参天茂密的大树的时候，你用脚去踢它时，换来的只是自己的疼痛。当树的位置变化时，你也要跟着变化。

“因为……去做”的思考误区

有一种无形的秩序在安排着每一个人，包括思考和行为。秩序的存在，使世界变得井然有序，不论是思想还是行动，都能实现动态的平衡。这里面的问题是：

是我们的行为产生了结果，还是因为对结果的追求而产生了行为？

史密斯说：“我们应该对秩序保持敬畏的态度，秩序不仅与有形的世界相关，还会让我们思考自己与世界的关系，让你思考自己所在的位置是否恰当。我回望过去，反思昨天，自己是不是还可以被塑造？我是否选对了目标，是否得到了想要的结果？我们每天都思考这样的问题，其中不少时候是功利的。因为想要达成某件事的动机驱使我们做出某些判断，去采取一些行动，按照目标的需要塑造自己，这么做会带来很多实际的收益，但未必就是正确的。”

人为什么要给自己找一个明确的具有诱惑力的理由，才能真正去做一件事呢？事实上，这么理解是错误的。人会为了某个理由去做事，是因为他首先有了动机，才会去寻找理由。他要实现某个结果，才会采取针对性的行动，而不是相反。

举个简单的例子，古代皇帝想杀一个人，他眼中的这个人就是“该死”的，他看到的全是这个人的缺点。即使这个人没有任何的过失，他也会找个理由把这个人杀掉。现在一些企业的老板想解雇一名员工，也会遵循同样的逻辑：因为想解雇他，所以才看到了他的缺点。而不是反过来——先看到了缺点，再去解雇他。

理解这个逻辑对我们十分重要。人的每个行为背后都对应着一个原因，因是理由，果是行为。这源于生物的一条共性：趋利避害。也就是他先看到的是对自己有利（有害）的东西，然后一定会做出针对性的行动，避免有害的事情，同时最大限度地获利。这就是“因为……去做”的思考误区。

正确的做法是：将自身的需求与环境的需要灵活结合起来，做出理智的选择。

每个人做每一件事都有自己的原因，无论他是否意识到。美国社会心理学家亚伯拉罕·马斯洛将这种每个人做事的原因归结为人的五种需求，同时也代表了人们在社会中所追求的五种结果。我们会看到、感知到并释放这些需求，然后支配自己的行动。但我的建议是，不要使自己的判断被它们完全驱使。作为一名“社会人”，要充分理解环境对自己的要求，再做出最终的选择。比如，当你希望实现一个结果而计划采取某种行动时，要充分考虑价值观、社会环境、长远影响等诸多因素，再判断哪些行为是有利的，哪些则是有害的。

四、绕过结果的不确定性，快速找到问题的重点

我们如何才能在第一时间看到问题的重点？比方说，怎样打电话绕过前台并且找到那个“不确定”的负责人？这是一个很常见的问题，有时你需要拿起电话，联系一位对你当下的工作很重要的客户公司主管，但是很遗憾——你没有他的手机号码，只能通过对方的公司前台联系他。

在传统的思维中，由于过去被反复灌输的经验，你对和陌生人的通话存在一种天然的障碍。你从小就被教导：跟陌生人通电话要客气。你觉得客户是自己的衣食父母，当然不敢冒犯。你还没开始打电话，就已在想象对方前

台是如何拒绝你了。

不幸的是，如果你这样想，这个问题就变成了“两个人在拒绝你”。所以，你看到解决问题的捷径了吗？重点不是怎样联系到那个人，而是减少中间的阻碍——无论是前台，还是秘书，绕过中间环节的不确定性，才是你最应该考虑的。

第一，在你和目标之间建立牢固的“事实联系”。即，发现和表述这次联系对于客户负责人的重要性，从而打通中间环节。

第二，重点是坚持自己的逻辑而不是顺从对方。比如，你要避免直接回答对方的盘问，而是跃过前台，但这不仅需要洞察力，还要有一定的技巧。

我有一次曾经打电话给通用公司加州分公司的副总裁办公室，那不是一件重要的工作，但我需要说明几个事项。当时正值午饭时间，通用加州分公司的副总裁不在办公室，接电话的是他的秘书。像所有专职替老板接电话的人一样，她不紧不慢地问了我三个问题：

- 你是谁？（姓名）
- 你是哪家公司？（公司名称和职务）
- 你有什么事情？（目的）

并且她说：“你必须告诉我这些信息，然后我才能替你预约。”

面对这样的程序化的、没有例外和特殊的接待，也许你很难拒绝她的问题，也无法拒绝她的处理方式。但我采取的策略是，报出我的名字和项目名称，同时对她强调：“这件事情非常重要，我必须和你的上司直接交谈，请他回来就立刻回电。他知道我的电话。”

重要的是，你要看到是什么挡在目标和你之间。如果你能清楚地明白自己的价值，就可以在拿起电话时表现出“不容置疑的语气”，她也能感知到问题的重大。因此半小时后，对方就主动打来了电话。

这是一个充满不确定性的时代，但没有改变世界的本质

今天我们生活的这个世界相比过去发生了很大的改变，许多地方完全不一样了，几乎所有的事情都充满了“不确定性”，包括生活、工作、生意、管理、人脉、感情等，保鲜期越来越短，多样性增加，仿佛上一秒还很确定的东西，这一秒就变得不真实了。但是世界的本质并没有改变。如果你能洞察本质，掌握一些基本的规律，你就能绕过这些不确定性，从容驾驭自己的未来。

其中一个最基本的规律就是：面对不确定性，你要果断地做出判断，然后做出选择，采取行动。即使在行动之前无法验证、预估我们的判断是否正确，在结果出来之前很难知道自己是赢是输，你也要立刻、快速地迈出脚步。这就是直观洞见的重点。

例如，我们去机场安检、售票窗口买票等，很多时候那里只开两三个窗口或一个通道，随着排队的人越来越多，队伍排得也越来越长。排在靠后位置的你肯定十分焦急，左看右看，不知道什么时候能轮到你。一般来说，当排队的人多到一定程度的时候，机场或售票方就会突然在旁边新开和增加一个窗口，对人群进行分流。这时，看到新开的窗口，迅速跑过去的都是什么人呢？是排在队伍最后边的人。他们用最快的速度跑过去，因为这些人在原来的队伍中没有任何可以留恋的，所以立刻就会行动。

排在前面的人不会改变位置，因为马上就轮到他了，他对此看得很清楚，因此不会动弹半步。此时，最难受的可能就是你——因为你排在队伍的中间，不前不后。跑过去，还是留在原地？稍一犹豫，你就错失了良机，不管是过去还是继续呆在这儿，现在你都排在最后面了。

这个故事说明了一个十分现实、残酷的道理：面对种种不确定性的机遇，你该如何选择和快速决断？

我觉得，本书倡导的宗旨对于这个问题仍然是一个最好的回答——你看到了什么，就可能得到什么。在任何领域中，排在最前面的才拥有最大的确

定性，他们是赢家，对于结果已经看得很清楚了，非常有把握。但多数情况下，我们也不是排在最后的人。我相信读到本书的人，都不是排在自己所在队伍最后面的那一个倒霉蛋。也就是说，我们大部分人都在队伍的中间，比上不足，比下有余。在这个位置，我们看到的是什么呢？

首先：我有机会，但不确定；

其次：我付出很多，不能放弃；

最后：我很谨慎，进退两难。

就是说，恰恰是夹在中间的群体，最容易产生对未来的“不确定性”，因为稍不小心，就会两头不靠，变成了最末。比如全世界的中产阶层，和排队过安检一样，在面临新的窗口、新的转变时，是最缺乏安全感的群体。最上层的富人无所不有，最下层的穷人一无所有，两者都输得起，因此果断；唯独中产阶层瞻前顾后，因此活得“很不犀利”。

看到，并且看见

美国著名的投资大师威廉·江恩是一个判断力很厉害的人，他在期货和股票市场上的骄人战绩至今无人可比。他通过对数学、几何学、宗教、天文学的综合运用建立起了独特的分析方法和预测理论，为他在投资市场上获取了巨额财富。他相信股票、期货市场里也存在着宇宙中的自然规则，市场的价格运行趋势并不是杂乱的，而是可通过数学方法预测的，并说过一句很著名的话：

“看到就是赚到！”

在 30 岁时，江恩移居到纽约，成立了自己的经纪业务公司，专心投资。就在这一年的 8 月份，他完善和发展了自己最重要的市场趋势预测方法，命名为“控制时间因素”。经过多次准确预测后，他声名大噪。

有一位同样在市场上大手笔投资却输得一塌糊涂的朋友问他：“在我看来价格变幻不定，是无法预测的，你是怎么做到的？”他的回答是：“这个世界上没有任何东西是不能预测的，只要找对方法。”

在 1909 年的夏天，江恩预测到 9 月份时小麦的期权价格会涨到 1.20 美元。可是，到 9 月 30 日的上午 12 点，该期权的价格仍然在 1.08 美元之下徘徊，距离收市只有几个小时了，人们都嘲笑江恩：“你的预测肯定落空。”江恩却自信地说：“如果今天收市时涨不到 1.20 美元，将表示我整套的分析方法都是错误的。不管现在是什么价格，小麦一定会在下午涨到 1.20 美元。”结果，他的预测真的成真了。在收市前一小时，小麦期权的价格冲上了 1.20 美元，震动了整个市场。

他是怎么做到的？要知道投资市场阴晴不定，各种因素复杂多变，充满了不确定性，是一个最为考验人的判断力的场所。能预测到未来的大走势已实属不易，像江恩这样可以精确地预测到某一天的准确价格，简直就是一个神迹。但在江恩看来，这并不困难。他认为，无论是股价还是其他事情，人要做出正确的判断都有赖于三个因素：

第一，不要参考过多的信息。“信息过度”会增加不确定性，最终让你方寸大乱。

第二，要有一个底线判断。即，从一开始就确立一条最低的止损标准，任何事都是如此。

第三，充分了解该领域的规律。特别是那些经过长期验证的基本规律，你必须知道一些事物是如何运转的。

我们看到，才能看见。这句话解释起来，就像江恩提到的这三条原则，为了最大限度地避免“不确定性”的干扰和损害，你就必须尽可能多地掌握那些确定的因素，并把这些可以量化、预测和得出结论的因素组合起来，从中发现自己需要的东西。

五、遵循四项原则，重建你的“判断系统”

重新建立我们的“判断系统”，是获取和提升洞见能力的基础。每个人对于世界、身边的事物都有一定的洞见和认识，问题在于你的洞见力达到了哪一种层级，是否足以高效犀利地认识这个社会，处理我们生活和工作中遇到的种种麻烦，进而独立地解决一些重要的问题。

遵循如下准则，有助于你快速达成本章的目标：

· 必须做出选择，才能区别真伪，解决问题。那么，你是可以做出选择的人吗？

· 学会快速利用确定的概念或者想法，来形成直观的判断，这能让复杂的问题变得简单。

· 做出任何判断都必须有事实的依据。任何观点和定义都不能空口无凭。

· 洞悉事情的真正意义，而不是浮在表面上的结论或经过包装的价值。做到这一点很难，但是只要你具备坚韧的意志和足够的耐心，不是没有可能。

简化原则

简化思考的原则在于“对信息的简化”——去除显而易见的、模棱两可的和毫无意义的三种信息，添加有内在含义的信息。即，学会筛选所有的必要条件，知道你要达成的主要目标，寻找并且考量关键的替代方案，然后进行简单而且专注的思考。

· 优先减少：对已收集到的信息，优先减去任何非必需的内容，彻底剔除；

· 必要的整理：把相同特质的内容整理归组，进行分类并利于查找；

· 加速思考：必须加速思考的过程，减少不必要的时间浪费；

· 有目的的学习：如果需要，就去学习。同时避免不必要的探索和解释；

· 严格区分：对似是而非的内容严格审查，辨别和区分出简单而有效的信息；

· 简化环境：简化环境要素，提炼关键的环境属性，判断要随环境而变；

· 保留情感：不要简化你的情感，保留情感的复杂性，这有利于我们产生深刻的见解；

· 专注的相信：唯有专注的相信，才能实现简化，深入思考和洞察本质；

· 考虑到失败：失败的选项永远无法删除，在任何问题中都必须得以保留，你要考虑到失败；

· 留下唯一：简化掉一切不必要的，留下的便是唯一的可以让我们得出结论的关键信息。

定量原则

为了使我们自己对事情产生初步的明确的想法，我们需要一些相关数据和基本的知识储备，并且设定可以量化的标准，否则我们就得承认“我不知道”。这就是定量。比如，当你面临一个财务开支的选择时，“是否花这笔钱”是定性，“花多少钱”则是定量。

为了贯彻定量原则，你要搜寻各种根据，并在此基础上行事，并且适度地反向思考：“如果数字有误怎么办？”通过反向的推导，得出正确的判断。记住，要有犀利的洞见和较大的成效，我们需要对诸多因素都进行定性和定量的综合分析。

· 对错误定量：如果做错了会有什么后果，后果有多大？

· 对问题的定量：目前的问题是什么？问题有多大？

· 对本质的定量：事情的核心或者重点是什么，相应的主要矛盾是什么？

· 对相关因素的定量：相关问题有多少，哪些是重要的，哪些是可以使用的？

· 对环境的定量：我了解事情的全貌吗？这件事的背景和客观条件是什么？

判断原则

判断，是帮助我们理解一个问题（事物）背后的含义并做出定性，然后做出选择。在做判断时，应该先解决“不需大脑思索”的大问题，然后再从我们自己的境地（需要）开始思考。比如上司突然交给你一个重要的任务，完成难度很大（对能力要求高），但回报同样很大（一旦顺利完成就会升职），这时你就要快速做出一个判断，是接受还是不接受？在做这样的复杂判断的过程中，应该遵循的原则是什么？

首先，你要评估自己的能力和经验，看看是否足以胜任。自身的条件和需要，是判断的第一依据。

其次，你要分析一下上司将任务交给你的原因，上司是在考验、培养你，还是在刁难你？

最后，你还要考虑一下有没有竞争对手。公司有没有人在这方面比你更擅长？一旦你接下了这个任务，有没有强力的竞争者？只有对这三个要素进行汇总分析，你才能得出最终的结论。

· 我们的条件：我的条件比其他人更好，更有资本吗？

· 我们的需要：我的需要（需求）是什么？我应该去做吗？我必须对什么做出选择？

· 判断的时机：我需要立刻做出决定吗？如果我不当机立断，接下来会发生什么？最佳时机是什么？

· 判断的立场：我处于谁的立场上，有没有盟友和敌人？我是否清楚思考此问题的出发点，此刻我正处于哪一种立场，未来将如何改变？

· 潜在的利弊：这一问题（选择）对我而言意味着什么，是否有助于我对未来做出有用的决断？如果是有利的，利有多大？如果是有害的，有多严重？我能否驾驭其中的风险？

· 可能的影响：我是否了解事情发生和运转的方式和原因，目前它正在产生什么影响，我的判断可能产生什么影响？假如不做选择，影响又是什么？

过滤原则

美国俄勒冈大学的科学家爱德华·沃格尔组建了一个研究小组，通过大量的研究证实，意识或者形象记忆并不依赖于大脑中额外的储存空间，而是取决于人们“忽略不相关事物”的能力。沃格尔说：“迄今为止，人们一直认为具有超强形象记忆力的人的大脑中拥有更大的储存空间，但实际上，这与一种控制‘让什么信息进入意识’的神经中枢机制有关。”

过去，人们认为一个人记忆力的强弱取决于他一次塞进脑子里的信息的多少，信息越多记忆力就越好，分析能力就越强，做出的判断也就越正确。但沃格尔的研究颠覆了固有观念，这再次表明，过滤掉“无用信息”可以帮助你提高对于真正重要的信息的记忆力和利用效率。对真正的智能来说，为了提高判断的准确率，我们反而要过滤信息，而不是增加信息的库存。这正是人脑与电脑的区别。

· 过滤掉无关紧要的：要学会从庞杂和富有欺骗性的信息中过滤掉无关紧要的，提取最值得关注的，这是过滤原则的基本技巧。面对海量的无用信息，过滤是我们要考虑的第一个问题。在未经筛选之前，信息越多对判断产生的干扰就越大。

· 建立过滤的规则：设立规则要解决的问题是——我如何检测信息是我需要的？利用规则和缺省规则来进行筛选，增加信息的有效率。

· 参考因素：必须参考我们的价值观和偏好，以此判断事物的轻重缓急，以及希望规避的问题。另外，我们还要使过滤规则适应自己的优势、局限和心理承受能力。即，是自己需要的，是自己想要的，也是对我们有益的。

· 明确过滤的目的：我对资料的汇总分类和挑选具体想达成和避免的目的是什么？没有目的，就没有结果。目的不确定，结果也不确定。

· 先定位效果：效果不等于结果，而是你可能从中获得的价值，以及相关信息和结论会产生的影响。先对效果进行分析和定位，再逆向思考，看看还需要哪一类信息。

· 关键指标：假如你已制定了一个目标，确定了一个预想的结果，那么这个目标如何反映在可以量化的数字上？接下来我们需要收集哪些方面的证据，来支持自己做出对应的判断？对任何问题和结论而言，都有其关键的指标来形成决心，你必须找到它们（充分的理由）。

· 锁定“核心要素”：为了达到目标，实现既定的计划，我们必须知道其所需要的核心要素。过滤信息的目的之一就是要锁定这些要素，甚至于这就是你唯一的目的。

· 规避“非目标信息”：“假信息”无处不在，它可能出现在手机、电脑、耳旁或其他任何一个地方，对大脑的判断体系构成干扰。它们是非目标信息，如何才能规避这些似是而非、以假乱真的信息？你必须“不做什么”，或者必须做哪些事情？不要逃避这个问题，要时刻保持清醒。

第六章

发现未来的方向，而不是判定事物的对错

人们精于评判一个事物的是非对错，却看不到宏观层面的目标和应该前进的方向。这导致了一个严重的问题：即使已经从事十几年的工作，在他们自己看来可能仍然是不适合自己的。归根结底，人们无法发现自己真正想要的东西，并且制订一个有效的计划。世间的事物没有绝对的对错，不同的人有不同的想法，与其纠结对错，不如找准未来的方向。你看到什么，就有可能得到什么。要简单直接地看到问题，干脆利索地解决问题。因为越简单，我们就越高效。

一、有些问题越分析越混乱，原因是什么？

作家韩寒曾经执导了一部名叫《后会无期》的电影，电影中有很多的经典台词都红极一时。在所有流传于网络的台词中，我印象最深的便是那一句："小孩才分对错，大人只看利弊。"这句话的本质是在强调"对错"的模糊性，告诉我们不要拘泥于一个问题的是黑是白，而是多去分析它所带来的影响。

不能武断地定义这句话包含了多么高深的哲理，但它确实用十分打趣的方式调侃了对与错的关系。对此，我想起一个烂大街的段子："男生跟他的女朋友吵架。不管因为争论的事情孰对孰错，只要男生在吵架过程中的某一句语气加重或音量加大，那么整个吵架的主题就变成了他的女朋友不断地质问他——你竟然敢吼我？你竟然敢吼我？！"我把这个段子讲给史密斯听，他哈哈大笑，因为他和妻子几乎每个周末都会上演类似的桥段。

史密斯说："此时此刻，永远不要以为自己掌握了真理。如果我认为自己是对的，我们就要吵上 24 小时。所以好吧，当我洞察婚姻本质时，发现里面没有'对错'这两个单词，我只看到了一句话：快点道歉，闭嘴，走开！这样能过个舒坦的周末！"

婚姻是一个考核男人的判断才能与选择能力的绝佳工具。同样，它对女人也有类似的功效。我经常对人说："假如一个女人在婚姻中表现得极其冷静，那她一定是个犀利的人，她的事业会极其出色。"当然，这句话反过来不一定成立。它要表示的是一句关于思考模式的规律：有时候我们不要去关注事物的对错，因为对和错都不影响其本质，也并没有多大的价值。我们需要一直注意的是：把事情做好，掌握方向，让它朝有利的方向发展。

纠结于是非、对错，会使我们的思考越发混沌

我的一位朋友曾经因为纠结于问题的对错——在很多重大的项目上不停地论证，最后失去了公司快速发展的机会。为此，他郁闷了好久，走不出失败的阴影。当时，他的公司准备和另外一家企业联合上市，在资本的市场吞云吐雾，大干一场。他踌躇满志，但在准备运营计划和上市前的方案中难免出现各种各样的波折，公司高管层众人的意见开始出现分歧。即便每个人都希望上市成功，但都过于坚持自己的想法，而一味贬低他人的设想，认为别人的思路一定是错误的。

当认知理性与价值观理性产生冲突时，问题就在争吵和分析中变了味道。人们的大脑从理性的思考和判断走向了感性的对峙与战争：

“即使你的想法有利可图，那又怎样？我认为是错的，所以我反对！”

“因为你和我吵，不给我面子，所以我就是要反对你！”

多少人曾经有过这些心态？带着这种赌气的情绪在办公室与同事、上司打一场两败俱伤的战争？但人性就是如此。朋友看着大家争论得不可开交，历经数月未能达成共识，所有的计划都搁浅了，因为错过了黄金机遇。

他苦笑着说：“很多时候成功的关键就在于那几天甚至那几分钟，机遇是不会等人的。但当机遇到来时，我们看到的并不是未来的收益，而是许多路线的对错。这样做不对，那样做有问题。没人敢担责任，因而错失良机。”

要快速看清利害，将“对错”放到次要位置。永远都不要把自己绕进了对与错的歧途之中。这个世界上，没有哪一件事是完全的对或者完全的错，就像没有哪个人是十全十美的一样。所以，当你面对需要选择对错的时候，不要着急判断；当有人让你站队时，不要因为和他关系亲密就站到一起，要静下心来，考虑问题的本质和其中的利害关系，然后再做出判断。你要看到一个问题会给你带来多少其他问题，而不是这个问题本身的对错。

我们需要去做的任何事情都是有意义的。如果你读了以后有所收益，本书就是有意义的；如果你喜欢其他书，它们也都是有意义的；如果你想在晚

上12点躺到楼顶看星星，这件事也是有意义的。没有对错，只有是否有益。你要看到自己活在一个有价值、有意义的世界上，对这一点必须清楚，否则你只能痛苦地活在一个纠结的、狭窄的空间。

不纠结对错，我们才能从容不迫

聪明的人从不过多纠缠于下面这些问题：

- 越说越糊涂的事情；
- 对错并不重要的事情；
- 和自己无关的事情。

这三类问题在现实生活中经常发生，但很多人都喜欢在这上面纠缠不清。我发现有的人甚至会为了一个琐碎的小事争执几个小时——即使争赢了，他也没得到什么实际的益处，只是赢得了一场嘴战而已，但他乐此不疲。一个聪明人如果拥有清醒的头脑，就不会在这些问题上纠缠。

物理学上常讲到的“参照物”，就类同于我们在生活和工作中需要面对的问题。有时你所持有的立场，或者参照的立场不一样，所谓的对错也就变成了一种相对而言的东西，而不是绝对存在的概念。随着立场的变化，错的可能是对的，对的也可能变成错的。这都是因为参照的立场不一样而导致的。这种立场关系一旦牵涉到利益的动态变化，判断起来就变得更加复杂。有时候，同一种事件在相同的环境中也具有两面性。是错是对，最聪明的人也未必分得清楚。事实上，越聪明的人，就越不会讲对错。

你应该讲的是利害，而不是对错。这就是我的建议：第一时间看到利害，因为利害决定你未来的方向。不要盲目地给一件事、一个人下定义，要分析其深层次的问题。这也是我们提升洞见力的最终目的，是思考的最大意义所在。

普通人总是执着于对错，可虚耗了无数的精力之后才发觉，原来换一个想法去看自己昨天所坚持的正确，只不过是一眼就能看穿的“错误”而已，十分可笑。那些真正犀利的人，能够瞬间找准问题的关键，他们不会给人和事扣帽子，也不会用简单的喜好或讨厌去定义一个问题。当你开始分析事物时，切记这个原则，别纠结于是非对错，先看看其中的利害。对现实中的大部分问题来说，这个原则都是成立的。

二、成功是小概率事件，那么如何才能“成功”？

人人都知道成功是小概率事件，努力了也不见得一定会成功。因为在过度竞争的现实环境中，成功就是一座独木桥。这是一个众所周知的常识。但不可否认的是，如果你放弃参加这场竞争的游戏，安逸的生活一定会磨灭你的斗志，使你在面对机遇时犹豫不决，过于担忧失败，以至于不愿走出现在的舒适区。当你慢慢地习惯了现有的生活，就会害怕冒险，不敢尝试新的机遇。

所以，一个充满矛盾的问题就出现了：

> 一方面，人们渴望成功，用极端功利的心态对待生活，都想成为“人上人”；另一方面，人们又畏惧成功之路上的风险。因此除非有贵人相助，提供一条捷径，多数人总是不相信自己可以做出一番大事业。

我举一个很普通、很现实的例子。现在国内到处都有人在开淘宝店铺，或者在其他平台上做一些低成本的互联网生意。这些创业者的心中都有一个“马云梦”或“刘强东梦”。既然马云40多岁才取得成功，为什么我不可以？这是非常流行的心态，但落实到行动中，人们对这样的目标又严重缺乏自信：

“我会是下一个马云？开什么玩笑！”

即便机遇摆在面前，他也不会认为这是真的。为什么人们会在目标和机遇的判断上出现如此悬殊的反差？这是因为在大多数情况下，我们没有勇气去拼搏，只有勇气去幻想。在纸上写下万语千言的人太多，走出房间采取行动获得实际成功的人太少。加上现实世界中失败的案例比比皆是，畏惧风险的人便选择将自己的梦想深深地埋葬。

但是，有梦想就要努力去尝试一番，只有这样才有机会成功。无论成功与失败，至少我们为之努力了，才能体验这个世界最精彩的部分。

我们不一定需要成功，但要有尝试的勇气

在年轻的时候，我曾经了解到一个特别有名的障碍游戏，并且从中受益匪浅。障碍游戏与其说是“游戏”，不如说是对人在心理层面的一次勇气测试。

这个心理测试要求在体验者的面前放置两个障碍，先让体验者睁着眼睛跨越一次，然后让体验者蒙上眼睛再跨越一次。对待第一位体验者，老师先在他的面前放了两个板凳，他轻松地跨越障碍。但第二次将他的眼睛蒙了起来时，即便偷偷地将板凳拿了下去，体验者仍然谨小慎微地一次又一次地试探前面有没有障碍，才大步流星地走了过去。到了第二位体验者，老师蒙住他的双眼，也偷偷地拿走板凳，他紧张得不行，一遍遍用脚试探，然后才慢慢地走过去。整个过程中，他不时地伸出脚去踢一踢。

我们的生活也是如此，处处都充满了“假想敌”，总是存在着这些假的障碍。问题是你能否看清它们的本质——有些障碍往往是不存在的，只不过它正好出现在了你前进的方向上，这是一个假设中的问题。因为“一朝被蛇咬，十年怕井绳”的心理存在，使我们不敢勇敢跨越这些不存在的障碍。当你看到前面到处都是问题时，往往就会错失机遇，走错方向。

我参加过的第二个游戏是把参与者分成六个组。每个组派一位同学为其

他组倒满满的一杯水，然后那一组的同学将 100 个回形针丢入水杯中。要求是：水不可溢出。一分钟之内谁先完成谁就获胜。要求很简单，但做起来就不是那么回事了，因为它考验的是参与者的信心。

实验开始后，一名同学倒了满满的一杯水放在了中间，同组的人立即抓起回形针往水杯中猛丢，其他人也纷纷乱丢。不一会，水面产生了变化——水面居然鼓起来了。不一会儿，人们就将 100 个回形针全部丢入水杯中，水杯里的水一滴也没溢出。最后，1、2、3 组在规定的时间将 100 根回形针丢入水杯中。而 4、5、6 组则没完成任务。老师看了看第四组的水杯，将剩下的回形针一口气全部丢了进去，结果是，水居然一滴也没有漏出来。

“回形针实验”让我明白，成功是一个小概率事件。不管目标的难度如何，都不会所有人都可以成功。举个简单的例子，我们在银行营业时间内去柜台取一万元钱。这是一个再简单不过的任务，但总会有许多银行在某个时间段突然出现“问题”：人太多，你没排上队；现金用光了，需要你明天再去；网点故障，去的时候已经下班……这些都是障碍，阻止去办这件事的人取得成功。所以，成功是有概率的，这是我们首先要看到的事实。但让概率出现的前提，便是尝试。如果你不自信果断地去做，又如何赢得这个概率？

现实中许多人并非欠缺实力，而是缺乏勇气。他们眼中看到是自己的问题，不是应该努力的方向，所以不敢大胆地尝试。我见过很多人在一份计划书面前不停地讨论风险，每个人都小心谨慎。他们都是聪明人，可并不是犀利的人，因此也很难做成一些实际的事情。

成功源于一次又一次的尝试

在世界各地拥有 4300 家快餐店的温迪国际公司创始人、商务经理戴维·托马斯在多年后的传记中回忆自己的过往。他这样写道：

当时我年仅 12 岁，我们全家迁到田纳西州的诺克斯维尔。贫困的我一直设法使餐馆老板相信我已经16岁。只有这样，他才会愿意雇我做便餐柜台的招待，报酬是每小时25美分。我特别珍惜这25美分，也格外努力工作。

但我很快发现，努力工作远远不够，我只看到自己的努力还是不行的。当时的餐馆老板弗兰克兄弟是希腊移民。刚来美国时，他们做过最卑微、最低贱的工作。他们极为要强，并为自己定下了非常高的标准，也正是这些高标准，促使他们一次次尝试，一次次成功。

弗兰克曾经教育我说："孩子，只要你愿意努力尝试，你就能为我工作；如果你不努力尝试，也就不能为我工作。"他所说的努力尝试包括从努力工作到礼貌待客等一切内容。尝试和顾客好好沟通，尝试多做一件事。当时普遍的小费是8美分，但如果我能很快把饭菜送给顾客并服务周到，有时就能得到25美分小费。我记得曾尝试自己一个晚上尽可能多接待顾客，结果创下了100位的纪录。而我从未想到，一个人，一个晚上，竟能接待这么多顾客。也正是因此，我明白了，成功就是源于一次又一次的尝试。

瑞查德·M·德沃斯曾说过："如果你不敢去跑，就不可能赢得竞赛；如果你不敢去战斗，就不可能赢得胜利！"问题是，你眼中看到的是胜利，还是失败？你看到什么，就有可能得到什么。

我们做任何一件事都需要勇气，因此要大胆地展示自己，面对困难，鼓足勇气，奋力前进，用意志和勇气去战胜困难。有句话说："敢拼才会赢。"拼命的前提是你能看到动力，也能看见自己具备勇敢的品质，然后用勇气去创造奇迹！

我们展望整个社会，就会发现成功的企业和成功的人都具有优秀的尝试能力。失败并不可耻，可耻的是——你连失败都不曾经有过。所以，一定要发现并坚持自己的方向。当你确立了一个努力的方向时，就要调动自己全部的智能、洞察力在这个方面上，去穿透迷雾，抓住本质，高效地做好自己该做的每一件事。

三、“既不是向东，也不是向西，而是指向内心！”

已故苹果公司 CEO 史蒂夫·乔布斯是一位强势的天才领袖。他一手推动苹果走出危机，并且走向辉煌。2005 年，他在斯坦福大学的毕业典礼上有一个著名的演讲。在这次演讲中，乔布斯表达的一个核心观点就是：成功的人生必须追随你内心的声音。在演讲中他说道：

> “我们的时间很有限，所以不要将时间浪费在重复其他人的生活上。不要被教条束缚，那意味着你和其他人思考的结果一起生活。不要被其他人喧嚣的观点掩盖你真正的内心的声音。还有，最重要的是，你要有勇气去听从你直觉和心灵的指示——它们在某种程度上知道你想要成为什么样子。与之相比，所有其他的事情都是次要的。”

很多成功者总是不厌其烦地告诉我们内心深处的声音是何等重要。有时未来的方向，既不是向东，也不是向西，而是指向内心！

倾听内心：做我自己，还是与众人一起表演？

现实中我们每一个人的生命都是有限的。确切地说，人的时间都是有限的，你很强大，但无法长生不老，所以必须珍视时间。这是你必须看透的一条人生准则。头脑犀利的人深知不能将有限的时间虚耗在别人的生命中，他们也不会放弃自我，陷入别人信奉的教条中。别人的想法，不过是经他人思考过的结果罢了。你自己的内心方才重要，千万不可让自己潜意识中的声音被其他人的意见和似是而非的声音所诱导而改变方向。最重要的是，你鼓起勇气跟随你的心灵与直觉，它们才知道你想成为怎样的人。

我们没有必要强迫自己非做到最好不可，但我们也要永远记得：去做，远比“做好”更为重要！别人之所以会认为你做不到的原因，是因为他们自己做不到。你所应该看到的现实，应该是“属于自己的方向和生活方式”。

学会独立思考，然后做你自己。你要懂得怎样表达不同的意见，从自己的视角思考问题，运用自己的逻辑和知识，去判断事情的真相。

学会倾听你内心的声音，确立自己的原则。除了“做你自己”，还要让人们看到你的原则。我们经常遇到一些没有原则的人，他们的思考就像一条线牵着的风筝，不管飞得多高，都没有自己的方向。一个人若没有主见，他就会活得很累，对于身边的事物也缺乏独到的见解。事实一定是这样的。所以，我们可以虚心地接受别人的批评与指教，但要同时维护自己的独特性。每个人都是特别的，不要迷失自己，要守护自己的原则与价值观。

你是“独一无二的你”

每当有人向我请教对某些问题的见解时——他们不知道自己的观点是否正确，甚至觉得自己的想法有些幼稚，羞于表达出口——我都会强调一个事实：

“扎克伯格是独一无二的，你也是独一无二的，每个人都是。这是作为人最棒的地方。我们都有特别的思考，有深刻的属于自己的洞见，为什么不自信地表达出来？这个世界上绝对找不到另一个一模一样的你，为什么总喜欢跟别人比呢？为什么在发表见解时要怀疑自己的想法？为什么自己走的路却要让别人指引方向？不要这样！等你有了自己的标准时，你才获得了成功。”

1. 表达你的意见，别受他人的影响

塞林格是一个在办公会议中唯唯诺诺、不敢坚持己见的人，被称为“应声虫”。他总是在参加会议前写下厚厚的发言，准备好自己的方案，可坐在众人中间就没了主见。他不清楚自己该说什么，或者该如何表达，因为听起来其他人的观点比他“更出色”。于是，给他的机遇和时间每次都在他满头大汗的尴尬中流失。

基于权威、优秀同事的威慑力，许多人即使有自己的看法，也容易在讨论中妥协、让步甚至闭嘴，最后完全遵从对方的原则。每个人存在于这世上的目的，都是任何人无法取代的。人们都有自己的方向。但问题不是你明白与否，看到了没有，而是能否坚持自己的主张，彰显自己的个性。

记住三点：

- 在你思考时，不要先入为主地参照其他人的意见；
- 在你表达时，不要被其他人的意志干扰；
- 在你总结时，不要完全跟从别人的思路和套用他们的模式。

一个头脑犀利的人又怎能不会表达自己的意见和拥有自己的想法呢？不被别人的意见所影响，是我们每个人都应该具备的一种品质。你不要试着成为别人，模仿别人，也不要轻易地屈从于别人，而是要做自己，成为你心目中的自己。只有这样，你才真正拥有了自己的洞见。

2. 要爱上自己，爱上自己的选择

一个人爱自己，别人才会爱他。你想通这个道理了吗？这是一个常识，但不少人放弃自我，选择从身体到思想完全依附别人，试图赢取认可。凡是这么做的结果，都会适得其反。因为如果连你自己都不爱自己，又如何让别人尊重你呢？

所以我们会看到，一个活得清醒、受人尊重的人，他必然是珍惜自己，能够站着思考的。一旦你懂得了珍惜自己，别人才会跟着爱你。一个爱自己的人，全身上下都散发出独特的魅力。无论你决定做与不做什么，也不论你是一个什么样的人，别人都会对你有不一样的看法。因为你是能够独立思考——你有完全自主的选择和行动能力。

3. 没有人可以替你决定

最后，就像走路一样，我们所看到的方向既不是东，也不是西，而是指向内心。这要求你“学会做你自己”，不要去依从任何人。再次强调，在你困惑时，没人给你放假，也没人必然给你安慰，你得自己找时间思考，发掘自己的头脑。

有的人刚走出校园时，天真地认为会有一个热心的老板有兴趣帮助他发现自我，替他选择正确的路线。可随后几年的事实会证明，这只是白雪公主的童话。没有人会和你分享真正的智慧，你必须拓宽自己的视野，寻找自我，然后独自地成熟起来。

人生最难的是发现自我。能够了解自己，是最了不起的本领。把这项工作做在别人前头，然后走在他们的前面。

没有人可以决定你是一个什么样的人，只有你自己可以。要学会自己做选择，但你可以参考外部的所有信息，从中看到问题的本质，指出自己的方向。你要知道自己可以做成什么，实现什么，才能成为自己生命的主人。

如果一件事情你认为是对的，就勇敢地去做。去执行你认为正确的想法吧！你不需要征求别人的同意，因为这是你的判断，你的决策，也是你自己的人生！

别太在意别人的方向，而忘了自己心目中最重要的事情。太在意别人的看法往往都会让我们后悔，因为这会使你忘了自己最重要的事情。我们所坚持的原则应该是“自己的方向”，实现自己的目标，而不是别人的梦想。一个人最重要的不外乎就是做“真正的自己”，并且不需要在乎其他人的目标，因为这才是真正的你。当你勇于做自己、倾听自我时，才意味着你找到了自己的人生。

四、发现自我真正想要的东西，并制订有效的计划

在之前风靡中国的综艺节目《中国好声音》中，有一幕让观众回味许久。当时哈林战队和汪峰战队进行 PK 赛，名不见经传的选手马吟吟在即将被淘汰时，说了两个字的临别感言——“救我！”距离 save（挽救）按钮很远的哈林正要说一些感谢之词，当场被这句话吸引，然后迅速跑回去按下了 save 按钮——他要留下这个女孩。

虽然马吟吟最终还是未能入围，但是这个女孩的直接果断、大胆利索，以及背后一颗洞明自己的心，让很多人心生佩服。她清楚地知道自己想要什么，也敢于直接表达出来。相比之下，我们有多久不知道自己真正想要的是什么了？

讲到这个故事时，加州大学的一位同龄女孩艾米（Amy）羡慕地说：“我最大的弱点就是看不清自己的内心，有时想做这个，有时又想做别的。但当我真的要做一件事时，又总是半途而废。我的习惯是反复思考不同的目标，不停地对比它们，然后又做不出最后的选择。我纠结于那些好坏得失，为琐碎的细节头疼。这么多年来，我感觉自己一事无成！”

艾米并不是“一个人在战斗”，有多少人不是这样的？人们精于评判一个事物的是非对错，却看不到宏观层面的目标和应该前进的方向。这导致了一个严重的问题：即使已经从事十几年的工作，在他们自己看来可能仍然是不适合自己的。归根结底，人们无法发现自己真正想要的东西，并且制订一个有效的计划。

摒弃“随大流”的推断，面向你自己的计划

请思考这两个问题：

- “面对未来，我应该如何选择目标？”
- “面对目标，我应该如何制订计划？”

对第一个问题，大部分人采取的态度是听一听别人怎么说，看看大家都是怎么选择的。当人们都去报考计算机专业时，你可能也是其中的一员；当人们都去炒股时，也许你觉得买股票确实是一个好时机。“随大流”是一个普遍的问题，人们不愿意过多思考，又不想承担自己决定的风险（出于不自信），所以就选择一些有更多的人在做的目标。可结果往往证明，“随大流”的目标不一定适合于你。

对第二个问题，人们也会采取一种“跟从战略”。做计划是一件比定目标更难的事情，那么，学习和抄袭别人的计划就是大多数人正在做的。所以，教人如何成功的书籍总是摆在书店最显眼的位置，因为人们喜欢到这里来拿走现成的方案。

为了得到自己想要的东西——升职加薪、幸福的家庭等，每个人都绞尽脑汁地思考应该走哪一条路线——寻找捷径，发现完美的计划，什么有用就学什么，不停地制订各种充电计划。比如，许多人会有一种“多一张证书就多一条路”的认知。所以经常是，外面流行什么证书，就会有一群人成群结队地去考，似乎这就是可以实现目标的好计划。

但是，他只是看到一条不属于他的路线，制订了一个无法让他出类拔萃的计划。对前面的两个问题，我们的回答应该是：

- 选择属于我的目标；
- 制订适合我的计划。

就是这么简单，你要直接看到答案。就像史密斯说的："不要考虑别人在找什么工作，在学习什么技能。要想想你能做什么，你想做什么，这正是你未来的方向。我们每天都很忙很累，应该把主要精力用来关注自己的需求。如果大家都做的事情，你就认为是对的；大家都不做的事情，你就认为是错的，那你的未来会更加迷茫。"

看到自己的规划，然后理性地行动

看到未来的 10 年，不要只着眼于当下。因此，我认为一个人在开始做规划前——不论是事业规划还是生活规划，应该充分分析自身情况，并把眼光放得长远一些。你不要只着眼于眼前，不要只盯着脚下，要看到未来的 10 年是什么景象。经过理性的规划，把足够长的一段时期纳入进来，才能少走弯路，画好自己的人生蓝图。

保持平常心，不要过于看重金钱的回报。如果把"赚钱"当作未来的方向，你会发现自己很快便走进了一个死胡同。你也不要期望一件事情在短期内就产生实际利益的回报，因为这不切实际。在做一份计划时，你看到的是 10 年后，就会赢得 10 年后的人生；你看到的是今天，就只能赢得今天。因此，应该带着一份平常心去分析问题，制定决策。

五、越简单直接的判断，越接近最后的真相

前几年我在美国时，经常到各个大学给一些即将毕业回国的留学生讲课，回答他们的疑问，提供一些生活和工作的经验。年轻人总有伟大的梦想。学习知识、提高技能的目的都是为了梦想，但如何才能实现梦想？或者说：在实现人生梦想的过程中，我们如何才能解决那些实实在在的具体问题，怎样发现最重要的问题，找到我们的方向？

每当这个时候，我总会建议他们——要让自己先成为一个擅长高效思考的人，而不是一个急于追求成功的人。高效思考的宗旨就是，简单直接地看到问题，干脆利索地解决问题。越简单，就越高效。

奥卡姆的剃刀：如无必要，勿增实体

我们都知道奥卡姆定律，它应用极广，比如“如无必要，勿增实体”这个核心原则，就是告诉人们要化复杂为简单。它提供了一个思考、判断和解决问题的基本思路，倡导人们在运用自己的头脑解决问题时，要敢于舍弃一切复杂的表象，集中注意力到那个最核心的本质。它认为所有复杂的东西都可以“简单化”，或者说“本质化”，并且只要你愿意，就都能找到一个最单纯和最为直接的解决路径。

简而言之，我们的头脑不是哲学的工具，而是解决实际问题的武器。所以，要成为一个头脑犀利的人，我始终强调的一个基本原则就是“化繁为简”——任何复杂的事物，只要经过科学的梳理、富有洞见的思考，总能找到一个最简单的分析和处理方法。看到问题，然后看见方法，除此之外没有其他。

正如同奥卡姆对我们强调的：请剃掉一切无用的环节、组织和结构，与那些喋喋不休的“形而上的辩论”划清界限；请轻装上阵，全神贯注直达终点；请不要被无关的环节和其他信息误导方向。

喜欢将事情想得很复杂的人，就是在为自己的判断力筑一道墙，把头脑的创造能力与解决问题的效率全部困在了墙内，任何简单的事项都会绕很多圈子，效率低下。他们喜欢用牛刀宰杀小鸡，喜欢拿高射炮打蚊子，更喜欢拿着迷宫地图挖地道。他们的视野很狭窄，思维也很模糊，因此所有的事情到了这里都会变得异常的繁琐，一件很小的事情也会变成了不起的大事。通常来说，这样的人不具备高明的判断力，对于现实中的问题也拿不出深刻的洞见，做事的效率也是非常低的。

现实中，我们会见到许多人在工作中非常的认真和努力。他们可以划归为勤奋的那一类人，愿意无条件地加班，谦虚地请教，然后毫无怨言地执行，可就是“吃力不讨好”，付出很多，却没什么成就。问题出在哪里？是他们想得不够全面，还是执行时不够“给力”？

当然都不是。很多人反而在很短的时间内可以看到和想到很多的东西，他们做得也不比别人差，可最后就是得不到自己想要的结果，或者做起事来总是差强人意，效率不高。为什么？究其原因，并不是他们行为上的过错，也不是态度不好，而是分析问题的方式出了差错，进入了一个误区：

> 因为知识渊博，想得太多，所以看到了太多不相关的信息。这并不是一件值得夸耀的好事。

逼迫自己放弃繁琐的流程，直奔问题的本质

前不久，硅谷的一家科技公司创造了一条独特的会议制度：当需要做出重大决定时，相关人员就去一间不足50平方米的冷气室开会。这是一个明文规定的要求，上到高管，下到普通员工，每个人都必须遵守。冷气室的气温在零度以下，参会人员只穿普通的外套坐在里面，有多受罪可想而知。于是，大家谁也不会把时间浪费在说废话上，也不会想三想四，而是直达核心，解决一些重要问题仅需十几分钟。

这一制度的出炉与一次意外有关。在冬天的某一天，公司的总裁达兰杜特先生在会议室召开一次漫长的让人听得耳朵发疼的会议。大家你一言我一语，说起来没完没了，迟迟未能形成一致意见。就在此时，供暖系统突然出了故障，室温下降极快，大家都赶紧发言早点离开。结果只用了六七分钟，之前毫无进展的议题便得到了解决。

总裁立刻想到：为何不用这一办法来提高工作和决策的效率呢？于是，他马上就召集行政部门，设计了这一简单直接的会议制度，一举扭转了公

司以前开会繁琐无聊的风气。公司只多交了点电费，就大大提高了决策效率。

记住这句话：任何最基本的东西也都是最简单的。人性的本原是简单的，商业的本质是简单的，宇宙的基本规律是简单的，就连生命的基本构成也是简单的。对此没有例外，你想得越简单，就离真相越近。所以在思考和判断一个问题时，要敢于放弃次要信息，直奔实质。脑子里的包袱越重，你离真相就越远。

树立正确的方向，然后简化思考的步骤，得出最直接的判断

我们在分析问题时，一定要谨记一个原则：那些看起来非常复杂的事情，其本质往往是很简单的，也许一两句话就能说清楚。这也是本书要阐述的一个宗旨。我们要成为一个犀利的人，首先要让自己的思考变得高效和直接，要努力发现问题背后的规律，排除无关环节，直奔最终的解决方案。

1. 再复杂的问题，也要避免“复杂化思考”

在很多环境中，恰恰是丰富的知识束缚了我们的头脑，让人们高估了问题的复杂程度，对我们的判断构成了干扰。这说明，知识丰富是一件好事，但有些时候却未必起到正面的作用。在我们的现实生活中，出于对环境与问题的高估，人们往往很容易把简单的问题复杂化，错把一个简单的小事看作复杂的大事，复杂化思考的结果是“问题越来越复杂”，解决问题的成本也越来越高。如何避免这种现象？方法就是打破头脑中已经僵化的思维模式，跳出常规的思路，不要被思考的惯性绑住手脚。

2. 方向正确，问题就可迎刃而解

首先要确定一个正确的思路，树立一个正确的方向。先看到方向，再形成分析问题的思路。只要方向正确，思路清晰，很多问题就可以迎刃而解，

而且不会花费太多的成本，否则就可能劳神费力，耗时巨大却又一筹莫展。为了拥有简单直接的判断力，我们要简化思考的流程，尽可能寻找省时省力的方案去分析问题——最聪明的方法往往是最简单的方法。

第七章

是什么在妨碍你的洞见力?

大多数人都承认自己“非常想改掉过度消费的恶习”,可事实是,让购物狂打消这个念头几乎是不可能的,其难度不亚于让一个瘾君子断掉他的毒瘾。为什么人们总是在重复犯下这类愚蠢的错误?为什么人们自愿走进经验的笼子,心甘情愿地接受思维定式的驱使?在削弱一个人洞见能力的所有因素中,我们发现“好奇心的消失”是最大的问题。当你对身边的世界不再感到好奇,世界也就对你关闭了通往宝藏的大门。

一、为什么“愚蠢的错误”总在重复？

一个你很想搞清楚的问题是：“我知道自己在重复地犯同样的错误，可这种行为的心理机制是什么，如何才能纠正它呢？”

人人都会犯错，这个世界没有圣人。可以这样说，只要活着，我们就无法避免犯下各种各样的错误，因此人们才对很多错误保持着相当程度的宽容。原谅别人，就是在原谅自己。比如，我们经常听到的“人非圣贤孰能无过”“知错就改善莫大焉”等名言，就是这种观念的体现。大多数时候，人们都会原谅犯错误的人，只要态度端正，没有造成无法挽回的严重损失，都可以本着大度的原则忘掉这次错误。

但有一种犯错，即使后果并不严重，也是很多人无法容忍的——重复犯错。不论犯错者是别人还是自己，这都是一个让人厌恶或者痛苦的问题。人们大多可以容忍一个人犯下数量众多的不同错误，却无法原谅同一个人同一错误出现两次甚至无数次。从这点可以看出，在很大程度上，人们觉得犯错是一个态度问题。错了一次没有改正，还错第二次、第三次，给人的感觉就是“屡教不改”“态度不端正”——自己也是如此。

是判断失误，还是行为习惯？

那么，人们为什么会陷入重复犯错的怪圈？深层次的原因真的是“态度出了问题”吗？是不重视才会重复失误，还是存在其他某些方面的问题？

比如，我们把那些经常认错路、走错方向的人称为“路痴”。同一条街道，普通人查一查地图，第一次走也不会出错，路痴可能需要十几次才能勉强记住。他们不仅重复一种错误：走到这儿就迷路，甚至左右不分（同一个路口每次都这样）。问题来了，他们真的是因为自己不重视才变成路痴的吗？

在知错的情况下，人的心态通常会有两种微妙的变化。一种情况是：他对自己的错误感到后悔，内心受到谴责，勇于改正，严厉地警告自己之后不能再犯；另一种情况是：他深知犯了错误，但不敢正视，无法承受犯下错误的“罪恶感”，用逃避和推卸责任的办法来为自己的行为开脱。

这两种心态会导致两种截然不同的结果：

第一，知错就改的人会强化自身的是非观，有羞耻心和罪恶感，不能容忍以后再犯同样的错误；

第二，明知自己过错却不承认的人，会逐渐降低道德的主观标准，以后会犯更严重的错误。

心理学家认为，一个人犯错误的心理机制和压力机制拥有某种共性，同为滚雪球式。恐惧错误的压力是不会消失的，而是会逐渐加强。知错必改的人会越来越谨慎，而知错不改的人则会对自己越来越放纵。

我和我的团队曾经做过一个街头调查：为了得到自己想要的东西，你愿意借贷多少钱？注意，这样东西必须是自己“非常想要”的。调查结果令人惊讶，平时擅长精打细算的人，基本上不愿意借钱买东西，且贷款的意愿不高，他们倾向于攒够钱再去消费，对风险的控制较高。而平时大手大脚、消费不加节制的人，则非常愿意借更多的钱去买自己短时期内无法承担的东西，哪怕承担不菲的利息。

当我们让那些“愿意借钱消费”的调查参与者回忆自己曾经过度消费的经历时，他们则又表示出一种无比后悔的情绪——大多数人都承认自己“非常想改掉过度消费的恶习”，但是，用尽方法却效果不佳。让购物狂打消这个念头几乎是不可能的，难度不亚于让一个瘾君子断掉他的毒瘾。

这是一个令人困惑的问题：明知道自己的消费习惯非常不好，也有改正的决心，但面临同样的情况时，为什么依然会犯同样的错？

针对这个问题，美国纽约大学科研小组的相关实验也许能带给我们一些答案。

实验者征集了5名受试者和5只猴子。受试者被要求观察电脑屏幕上的一些移动的小点，预测出这些小点的下一次运动方向。在实验之前，研究人员预设了程序，他们会控制这些小点的集体移动方向。有一些小点的移动规律很明显，比如大部分的点会向右边移动，受试者比较容易判断。但也有一些小点的移动规律比较散漫，受试者预测起来比较有困难。

实验结果显示，人类和猴子的行为几乎没有什么不同，在预测那些规律不太明显的移动方向时，都容易犯错。犯错后，二者都会减慢做决策的过程，在遇到更困难的决定时，放慢速度会最大化。然而，这并没有提高受试者的平均正确率。

简而言之，这可能是两种神经机制的博弈。按照人类正常的思考逻辑，当大脑放慢做决策的速度时，能够更好地规避错误和风险，提高正确率。但是，为什么实验结果却不是这样的呢?

一位名叫莱恩·哈里斯的研究人员猜测，之所以结果出现偏差，可能是这期间大脑内部的神经元发生了奇怪的变化。为此，他们对猴子的大脑进行了观察。他们将电极插到猴子的大脑里，观测实验时猴子大脑里产生的变化。猴子在犯了错误后，因为吸取了之前的教训，大脑中又有更多的信息进入，这导致它的神经元反应速度变慢，处理信息的能力逐渐下降。

这也许能解释为什么我们会重复犯错——即便第二次遇到相同的问题，大脑并没有提高再次判断的正确率，反而因为收集到的信息越来越多，导致思考的质量越来越差。

这时大脑的神经机制发生了矛盾（冲突），自适应机制将收集更多的信息，以防止我们再次重复同样的错误，这会提高判断的准确度；适应不良机制又会使错误信息堆积起来，降低我们搜集到的信息质量，降低准确度。这种冲突的结果将决定我们会不会犯第二次错误。

这样看来，重复犯错就不再是一个态度问题，而是众多真假难辨的信息在大脑中不断博弈产生的结果。

“自我怀疑”对洞见力的影响

莱恩·哈里斯认为，人们对于挫折，往往会产生自我怀疑。挫折的体验并非对所有人都是好东西，也并不总是提供经验。当相同的问题再次出现时，有些人的大脑会自我质疑：“怎么相同的问题又出现了？我是不是有什么毛病？”这些信息会干扰大脑在第二次经历同样一件事情时作出正确的决策，影响人们的情绪，导致记忆力下降。于是，尽管面对的是一个再熟悉不过的问题，他表现得也像一个新手。

你肯定有过这样的经历，话到嘴边，需要用一个词语或者一个名字的时候，无论如何也想不起来，可是你的大脑中明明有很清晰的印象。在心理学上，这被称为“舌尖现象”，是由大脑对信息的暂时抑制造成的。在考试中就经常出现这种情况——学生明知道答案，但就是记不起来。

大脑的二次犯错机制也是如此。即使在第一次犯错后知道了方法，但再次遇到时还是想不起来“究竟应该怎么办”。其深层的原因，就是我们的挫败感和内疚在作怪。大脑过于看重这个错误，在回忆具体的解决方法时，就会被“我怎么又遇到同样的问题”所干扰，打乱了正确思考的思路，导致我们再次犯下同样的错误。

通过上面的实验，心理学家发现：如果一个人犯了错，靠责备和惩罚并不一定能起到“教训”的作用，反而会起到反作用，影响改正错误。因此，有心理学家说，如果想避免二次犯错，可以用积极的方式将这种情绪引向正确的轨道，避免重复那些简单的错误。

重建“奖励机制”

美国约翰·霍普金斯大学的神经系统科学家曾经做了一个实验，他让志愿者们从电脑屏幕显示的各种图案里找到红色和绿色的物体——找到一个红色的奖励 1.5 美元，找到一个绿色的则奖励 25 美分。这个实验相当简单，看起来没什么特殊之处。但是第二天，研究员又让他们做同一件事情，但这次志愿者们被告知无论找到什么颜色的物体都不会得到奖励。实现结果显示，这次志愿者寻找的物体中依旧是红色的较多。

研究员证实，由于第一次被奖赏的经历留在人们的大脑中，第二次即使没有奖赏，大脑依旧会选择寻找红色，因为能让人得到奖赏的红色会刺激大脑分泌更多的多巴胺。这也是我们的潜意识里为何总会记得那些“更美好的事情”的原因。

现在，你也许就能理解为什么减肥的人总是很难抵制美食的诱惑，他们清楚肥胖的后果，可就是在饮食上无法杜绝坏习惯。因为在面对美食时，大脑产生的反应会是“这看起来好像很好吃”。这使美食的诱惑难以抵挡，从而干扰大脑做出正确决策。

要对抗这种诱惑，你就需要降低大脑中多巴胺的分泌。比如提醒自己放纵胃口之后的诸多恶果，想想减肥的痛苦等。对我们的大脑重建“奖赏机制”，修正大脑对于问题的判断——其中的关键是，一定要把注意力转移到“积极的诱惑”上。

同理，当你犯错之后，不要再过分地责怪自己，你可以想一下“假如我不再犯错了，我会得到什么奖赏”，这种对未来美好的假想方式会提高多巴胺的分泌，让我们的大脑对“不再犯错”的刺激加深印象。

二、你是一个“经验主义者”？

在信息爆炸的今天，经验正如何戕害我们？

我在美国时，认识了不少出生于 20 世纪六七十年代的华人。他们大多事业有成，经历丰富，年龄和面容上都写着荣耀，为人处事也更加圆润稳重。相对于年轻人，他们似乎总能投机取巧，凭借多年的经验累积和勤奋的努力实现目标，在美国社会获得了成功。对他们来说，经验就是财富，更是获取成功的秘密法宝。

这是很多年轻人都羡慕不已的资本，因为经验能让人避免走很多弯路。其实这个问题要辩证的来看，经验是一种资源，但同时也是一种障碍。在我认识的这群有着资深经验的华人身上，经常能看到一些固执己见的影子。因为经验，他们习惯性躲避冒险，所以常常显得因循守旧，不能与时俱进。也是因为经验，他们不太能融进新的文化，缺乏创新，不能与时俱进。

一位在加州做了 20 年生意的安徽人江先生，有一次栽了大跟头。他专做从加拿大出口到加州地区的木材生意。起初他和妻子两个人东奔西跑，赚到第一桶金后，就在洛杉矶的一栋写字楼租了办公室，又雇了几个人搭起班子，十几年下来身家已达数千万美元。但是突然有一天，他惊讶地发现，这个行业一夜间就冒出来很多强劲的对手，他对此竟然一无所知！

江先生还是按照过去的经验对付这种情况。他说："在我们这个行业，资金实力和运输渠道是最重要的。我经营木材生意 20 年，早已掌握了丰富的渠道，物流成本更低，而且资金也较为雄厚。再看看那些对手，很多都是没钱没有运输渠道的小公司，老板也都是些黄毛小子，所以，刚开始我是不怕他们的。"

过去的经验告诉江先生，他只需要略微提高一下物流价格，就能挤死那帮小孩。没想到这场价格大战刚开始两个月，江先生自己反而有些承受不住了。一些跟他合作七八年的物流公司竟然再次提高了运输价格，而且告诉他，必须削减他的货量。理由是，他们有更优质的合作客户。江先生一打听，物流公司口中的"优质客户"，就是他的竞争对手。

"这是怎么回事？"江先生很不理解。经过一段时间的调查，他发现这些新冒出来的公司实行的是另一种经营模式——他们并不实地看货，不会去加拿大的林场勘察，也不会给当地的伐木商提供高额回扣，更不会和加美之间的物流公司（包括陆运和海运）进行深度的交流。他们只做一件事：

与加拿大的林场合作，借助互联网技术推出了"实景验货"的下单模式，比以往的下单速度快了几十倍。有时一天之内就能完成下单、付款和签署合同的流程，并且没有多少中间成本。在货物的运输上，也完全实现了互联网化，与各大物流公司达成了深度合作。

所以，江先生既不是败给了对手的资金，也不是败给了对手的渠道，而是输给了自己"过去的经验"。是经验限制了他做出客观的判断，他还在迷信自己的成功经验和模式，结果被飞快进化的市场所淘汰。

科学家做过一个实验：

他们把两只猩猩关到同一个笼子里，两天不给它们任何食物。等到第三天时，研究员在笼子口放上一串香蕉，并设置了一个机关。其中一只大猩猩率先伸手去拿香蕉，结果机关启动，这只大猩猩被狠狠地电了一下。这时，另一只大猩猩也去取香蕉，结果同样被电到。在这之后，两只猩猩多次地尝试，但香蕉始终没拿到，直到它们放弃那串香蕉再也不敢尝试。

之后，研究员在笼子里同时放进去了烂苹果和好香蕉，这两只大猩猩先是尝试取香蕉，结果被电，但他们取烂苹果吃的时候却没事。于是，大猩猩便不敢取香蕉吃了。经过5天的训练，研究员又把第三只大猩猩放到了笼子里。这只大猩猩已经饿了两天。新来的大猩猩看见笼口那串诱人的好香蕉，想要伸手去抓，结果被之前的两只猩猩奋力劝阻。这之后，新来的大猩猩选择和"难兄难弟"一起吃烂苹果。

实验过了10天，研究员又往笼子里放进第四只饥肠辘辘的大猩猩。当它想要去拿香蕉时，不但被电过的前两只猩猩去劝阻，就连没有被电过的第三只猩猩也加入了劝阻的行列。新来的第四只猩猩抵挡不住三只好心猩猩的劝阻，最终打消了吃香蕉的念头，和其他三只猩猩一起吃烂苹果。

过了半个月，第16天时，工作人员不再向笼子里提供烂苹果，而是只提供香蕉。结果，四只猩猩集体选择挨饿，却始终没有动那串香蕉。又过了两天，研究员悄悄地将机关撤除，这时四只猩猩已经饿得头昏眼花了，但它们仍旧没有动那串近在眼前的香蕉。

实验的结果很明显，“动香蕉就会被电”的观念在猩猩的大脑中已经根深蒂固，不论有没有机关，它们都不敢再动香蕉。潜移默化中，这已经成了它们的一种经验。实验中比较有意思的一点是，在第三只猩猩被放进来的时候，尽管它并没有被电到，但是前两只猩猩传授的经验是足够可怕的。经验对它来说就是“圣经”，所以它不做尝试便全然地接受了。之后的第四只猩猩也是如此，就连没有亲身经历过被电的第三只也对其试图吃香蕉的行为进行劝阻，可见经验的影响有多大。

也许你会觉得猩猩的行为很可笑——我每次讲到这个实验时，都会有人表示不解：“猩猩应该亲自尝一口再下结论。”在笼子之外的看客总能清醒地看到问题，但其实人类的行为并不比笼子里的动物高明多少——人们只有在接触新事物的前几年才会学习和尝试，之后的日子里，不过是经验的不断重复罢了。

可以说，“经验”具有鲜明的两面性，既帮我们解决现实中的实际问题，又会限制创新性思考的能力。生活和工作中，很多人都是虔诚的“经验主义者”，陷在经验的桎梏中，遵守着那些已经过时的规律，听从着常识的指引，反而阻碍了自己进行创新的脚步，也妨碍着我们提升自己的洞见能力。

三、你是完美制度的“猎物”？

屏蔽思维的另一种因素是制度。制度在创建秩序的同时，也在不断地削弱人的创新性思考，因为它强制性地要求每一个人遵守制度的安排，就连思考也是。就像通用公司的前董事长韦尔奇所说：

“一种成功和成熟的制度，如何让人的创造性发生了衰减？恰恰是因为它的成功和成熟！”

几乎所有的企业和组织都在遵循同一种模式，沿着同一条轨迹发展——从诞生之初，就在追寻完善成熟的管理制度，致力于建立一种强大的制度文化。管理者们制定了越来越严苛的规则，企图把员工打造成流水线上一模一样的标准化产品。但这种完美的制度，只是培养了团队成员的顺从意识，却大大地遏制了他们的创造力。

当我们都认为制度日趋完善、没有漏洞时，人在思考时的主观能动性和创造力也会同时掉入低谷。

曾经有一位资深 HR 对我讲了这样的困惑：“为什么在我们企业，一些人事考核中比较差的员工，到了其他企业却摇身一变，成了优秀员工呢？”

这是一个非常典型的现象，我自己有时也有这种感受。前几年，我参加了许多体育运动俱乐部，有高尔夫、足球和羽毛球等。在这些俱乐部的体验中，我得出了一个经验：凡是要求严厉、管理完善、战术严谨的俱乐部，我和队友在场上的发挥反而不是那么完美，自主性差；在一些野路子的俱乐部，我们反而比较放得开，在场上表现得很有创造力。

出现这种情况，原因可能有很多，包括员工和我们自身的问题，也有企业和管理者的问题。但根据我多年对于世界著名企业的研究发现，最大的问题仍然出在企业和制度建设者的身上。通常而言，大型企业都具备了比较成熟的管理体系，制定了非常详细的制度章程。员工在执行这些要求时，只需要严格按照程序办事就可以。这本来是一件好事，因为专业的管理模式，能为企业带来高效、有序和整洁的工作环境。但是，在复杂的管理模式下，人的“自由度”却被极力地甚至针对性地限制，就只能重复使用简单的工作经验，不允许犯错，创造力会大大地降低。

在这种环境下，那些“老实本分”的员工通常都会在人事考核中评优，即便没什么作为，但也不会犯错误；而那些不喜欢条条框框、追求自我价值实现的员工，则会不断地“犯错误”，他们对处处受限的工作流程非常不满，但选择挑战制度就等于和公司对抗，因此心态非常不平衡，到了人事考核时，自然就会被给予“差评”。

这些现象总结出来，我们就会看到两个主要的问题：

- 制度在为我们包办一切，包括思考；
- 当一切都井井有条时，所有的结论都经过了包装。

企业为了管理的需求，当然需要一整套的省时省力的管理制度，就像我们在生活中也喜欢写下家务清单和“夫妻宪章”，然后把它们挂在醒目的地方。但是制度并不等同于约束，管理的目的在于让企业变得更好，让员工创造更大的价值，而非为了“管住人”而去进行约束——这只会削弱我们的思考力，妨碍对事物本质的洞见。比如在以制度为主的组织和企业中，我们只是“管好”了人，却并没有“用好”人，也没有培养出人。在思维和视野方面，制度除了生产标准化产品，无法为我们提供具备创见力的人才。

所以，面对制度的诱惑时——人人都有反叛制度的冲动，同时又有强大的服从制度的天性，我们应该谨记两条原则：

- 制度不应成为一种冷漠死板的约束力，更应该成为激励我们拓宽视野和获得创造性见解的机制。
- 在用制度约束和规范他人和自己行为的同时，也要重视人（我们自己）的潜能，适当突破制度，洞察问题的本质。

灵感需要自由的环境才能发挥，这是大脑的本性。所以我们需要给自己建设一个思考的“自由空间”，这个空间应该在制度之外。换言之，我们要在制度之外建立一种自由轻松的环境，让员工感觉到自己具有很大的发展空间，让思维能够自如地运转，释放头脑中的“野性”。这个“空间”不是纸上画饼，而是在工作中提供可任其自由发挥的可能——制度与实际工作产生冲突时，可以允许人的头脑去突破制度的限制，打破所有限制思考的障碍，迸发灵感的火花。

不过，我们也不能过分夸大了“自由度”。对制度毫不重视的结果，就是走向另一个极端——没有完美的制度，但却有基本的规范。追求自由的前提是，你能够熟练地掌握基本技能，且懂得规范的思考与创造流程。创造性思考的专业化是我们必须要实现的，也只有如此，才能自由地发挥我们个人的特长。

有没有一种方法能够在保证规章制度的权威性同时，又能降低制度对人的创造力的限制呢？我的建议就是：在制度的框架内，灵活地评估人的个性。“个性”是我们头脑的利剑，是进行穿透性思考的有力武器。

首先要明确的一点是，“个性评估”制度并不是针对所有人（员工），而是在实际的工作考核中，经过长期的观察，划定一部分需要评估的对象，对其进行制度规范之外的其他能力的评定。这份名单不是固定的，要结合员工的工作表现不定期的更新。

对自我管理而言，这意味着你要做好三方面的工作：

· 检验：检查自己对于制度的“顺从力”，是制度的猎物还是主人？

· 评估：评估自己对于团队的组织能力，以及在制度环境中对于问题的洞见力；

· 突围：测定自己的属性，突破制度对于自己的思考和创新的约束。

在检验时，可以采取灵活的做法。不仅由自己进行核定，还可以征求其他人的意见，比如公司人事部门的专员、朋友的意见、民意调查等。评估的内容除去在团队中的业绩之外，还要包括我们对于团队的制度贡献、决策中的表现及问题的分析能力。要全方位地收集自己的信息，客观、清醒地罗列出来，才能发现你和制度的关系，并找到针对性的解决方案。

四、你是被“思维定式”困住的囚徒？

在今天这个信息泛滥的时代，我们的思维越来越活跃，真知灼见却为何越发稀少？是什么东西将人的智慧紧紧地锁死在了互联网社会中，一个困住我们思维和眼睛的笼子长什么样？很多时候，人的判断力并不是死于知识匮乏，而是被大脑中的思维定式所绑架。

有科学家做过这样的一个试验：

他把六只蜜蜂和同样多的苍蝇装进一个玻璃瓶中，将瓶子平放，让瓶底朝着窗户，瓶口开着。结果发生了什么？蜜蜂齐齐向着瓶底飞去，拼了命地要找到出口，一直到累得飞不动或者饿死在瓶内；而苍蝇则在瓶子里乱飞一番，不到两分钟，它们便穿过瓶口飞了出去。

蜜蜂并不比苍蝇笨，作为会建房子的物种，它们的智力甚至更胜一筹。可蜜蜂为什么飞不出去呢？这是因为蜜蜂被“出口在光亮处”的思维方式限制——它们想当然地以为光亮的地方就是出口，所以毫不置疑地重复着这种经验式的行动。向亮处飞，已成为其大脑和神经中的定式。苍蝇却得益于完全没有这种既定的逻辑，于是在四下乱撞中找到了出路。

这是好运气，还是思维发散的结果？

科学家最后认为，蜜蜂和苍蝇的这两种思维都是不可取的，蜜蜂的思维定式（Thinking Set）在环境不变的条件下，也许可以迅速顺利地解决问题，然而一旦情况有变，则会成为一种障碍，阻止它们看到解决问题的通道。尤其是消极的思维定式，在极端情况下会更快地摧毁一个人的意志力；苍蝇虽然赢在偶然情况下的“毫无逻辑”，但也只是“碰运气”而已，由于缺乏有序的思考，它的成功率极低。

生活中，苍蝇式的人很少，蜜蜂式的人却占到了大多数。人们习惯于按照积累的思维规则来看待、分析和处理问题。多年来，他们会重复同样的经验，严格遵守一些大家公认的常识，不敢越雷池一步。在这些人的脑子里，思考问题的方式非常刻板，已经形成了明显的定式。

我举一个最常见的例子——警察给你看两张照片，一张照片上的人长得英俊潇洒，另一张照片上的人长相丑陋，脸上还有条刀疤，其中一个人是杀人犯，你觉得会是谁呢？想必大多数人的第一印象都是那个有着刀疤脸的人，觉得他肯定是凶手。因为根据人们以往的经验和认知，坏人都是长相可怖的，照片里的刀疤脸很符合他们的“经验”。但事实可能恰恰相反，一个高明的杀人犯往往擅长伪装成好人，长相丑陋的人却可能是一个真正的好人。如果我们被这种定式限制住了思考，就可能会犯下判断的错误。

思维定式是一种不容易察觉的坏习惯，悄悄影响着人的判断力，更多的时候起到的是负面作用。在许多定式的左右下，人的行为和反应能力一不小心就会掉入它早就挖好的陷阱。

有一位教授在讲课时出了一道题：

“一个聋哑人到五金店买钉子，先用左手作持钉状，捏着两只手放在柜台上，然后右手作捶打状。售货员先递过一把锤子，聋哑人摇了摇头，指了指作持钉状的那只手，售货员明白过来他要的是钉子。这时又来了一位盲人，他想要买一把剪刀，盲人应该怎么做呢？”有个学生举手回答：“教授，这很简单啊，他只要伸出两个手指，比出剪刀手就可以了。”不少学生对他的答案表示同意。但教授却笑笑说：“他是盲人，又不是哑巴，他只要开口说一声就行了。”

看，这就是思维定式，一个人一旦进入思维的死角，就失去了理智思考的能力。当别人提出一个问题时，我们很容易顺着对方的思维去想问题，看起来好像是自己进行了思考，但其实并没有独立思考，而是在不知不觉中进入了别人的逻辑陷阱。

在互联网时代，信息共享为我们获取知识提供了大量的渠道，各大门户网站、知识网站、社群以及自媒体的发展（如知乎、豆瓣、微信公众号等），为每个人了解世界打开了一扇广阔的大门。看起来获取知识变得很容易，人们的思维越来越活跃，但仔细观察会发现，人们学习的活跃度很高，但思考的活跃度却很低，很多人只是在踊跃地把他人的好想法转发出去，自己却并没有形成任何想法。到最后，每个人不过是做了一次知识的搬运工，却设计不出自己的知识大楼。

再次回到本节的话题："为什么人们的思维越来越活跃，但真知灼见却越发稀少了呢？"

美国的一位社会学家理查德·谢丽斯说："人们的思维更加活跃，是因为接受的信息变多了，知识领域在拓展，需要思考的问题也就变多；真知灼见变少，是因为人们只是在被动地接收信息，却没有系统地有序地处理信息，更没有从大量的信息中得出真正的洞见。换句话说，人们知道的很多，但判断力却没长进多少。"

打破定式，要先学会质疑。人们每天大量地转发和点赞手机上的各类文章，只是简单地、一目十行地浏览了一遍而已，便毫不犹豫地接受了这些信息。因为没有系统地学过某些知识，根本吃不透原作者的结论从何得出，以及他的逻辑和论据是否有说服力。但是接受这些内容的过程十分简单，思维的定式让人们对此不加以怀疑，这是由平时的阅读习惯决定的。所以轮到他自己发表意见时，也说不出任何有意义和有深度的东西。最可悲的是，很多高学历的人也失去了质疑的能力，当他们上网和接触媒体时，什么都信。这也是为什么会有那么多虚假消息被大量转发和造成巨大负面影响的根本原因。

冲出思考的笼子，你才能看见问题的真相。现代人学到人类文明史上最多的知识，建成了最大的图书馆，有最好的信息传播工具，却成为思维的囚徒，长期把自己关在笼子里。就像法国哲学家勒庞说的："人们目光狭窄，缺乏远见，不会提问，不会质疑，只知道听从指令，如同没有自主神经的群居生物。"这是一种思维的退化。如果不冲出笼子去独立地探究真假，即使记住所有的知识又有什么用呢？从思考的笼子里出来，我们才能打破思维定式，找回自主的判断能力，发现事物真实的一面。

五、被杀死的好奇心

哈佛大学的心理学教授齐珀曾经开办了一个思维培训班。他的培训对象不是没有知识基础的人群，比如产业工人、超市收银员等，而是有着高收入的工作、体面的身份和傲人学历的群体，比如华尔街的银行高管、科技公司的部门经理和好莱坞制片公司的剧本策划人等。齐珀认为恰恰是这些功成名就的人该到他这里来上课，好好修理一下自己的脑子。

“没有了好奇心，我们沉迷于表象，对事物隐藏的本质变得漠不关心。”他提到了一个学员的例子——毕业于哈佛商学院的哈蒙德如今是高盛公司的知名投资顾问，也是华尔街的风云人物。但在 2008 年股灾的前夕，这位证券业的专家却仍然沉醉在股价继续上涨的春秋大梦里。

“哈蒙德不是在替人鼓吹，而是自己真的相信股市会一直火爆下去。作为行业的一位权威人物，掌握着大量的信息，为何还不如一个对股市一窍不通的人在此时此刻所生出来的警惕之心呢？一句话可以解释这种现象，正是由于每天接触了大量的信息，他反而失去了求知欲，对于隐藏在背后的东西不再感兴趣，只相信自己愿意看到的事实。”

你还记得吗？我们小时候每个人都是天生的科学家，是想象力丰富、好奇心旺盛的好学生。我们喜欢提问，热爱学习新生事物；我们会问天为什么是蓝的，草为什么是绿的，下雨为什么会打雷，电视里为什么有那么多人……在活着的每一天，我们都问很多问题，对于眼前的任何事物都很感兴趣。

这既是一种发问，同时也是一种学习模式。10 岁以前是一个人学习能力和学习欲望最强的时期。但是当你进入学校时，有些东西却在这时让你停止发问——要求你把所有的时间用来往脑子里塞满固定答案，还要一次次地清空，再填满，只为了下一次考试腾挪地方。在这种风气的熏陶下，我们的洞见力逐渐下降。

老师总是问："你记住了吗？"但却很少问："你理解了吗？"老师要求你记住答案，而不是学习如何分析答案。在很多课堂上，当你对一个看似无关的话题表现出极大的兴趣时，老师都会让你"以后再说"——现在最要紧的，是应付考试。

如果说我们在进学校之前是一个有力的"问号"，那么进了学校之后就慢慢地变成了一个虚弱的"句号"。人们都有这种感觉，随着年龄的增长，思维的成熟，反而对这个世界失去了好奇心，变得越来越内敛和迟钝。齐珀对我说，即使一向重视个性教育的常青藤盟校的高材生，大部分也迷失在信息时代的海洋中，沉迷于表象，对事物隐藏的本质变得漠不关心——最好奇的事件可能是安妮·海瑟薇为什么如此招人讨厌。学生只想记住答案轻松通过考试，白领雇员的眼睛里看到的都是月末的工资单和办公室的人际关系，对怎样将工作做得更有价值也许并不感兴趣。

不要丢掉你的"质疑精神"

更重要的是，失去好奇心意味着我们丢掉了宝贵的质疑精神。这无疑是悲哀的，"记忆型教育"对人们好奇的天性进行了最大规模的扼杀。你记住了钱的模样，却不知道怎样赚钱；你能背诵几百万字的物理知识，却辨识不出天空中哪一颗是金星；你毫不迟疑地接受权威告诉你的一切知识，从来不会想一想："他讲的就一定正确吗？"

在这种环境和心态下成长、生活与工作，你对世界必然缺乏犀利的洞见。如果你去学校听过课，就不难发现课堂教学里那些冠冕堂皇、毫无意义的发问。一些老师为了证明自己的课堂充满了精彩的问答，设置了诸多"明知故问"的环节，还有一些只是"简单的设问"，这根本无法引发学生的思考。听他们的课，就像去参加一场“知识的葬礼”。

有一次，我被邀请到天津的一所小学参加一个思维类的课堂节目。受邀者坐在最后面，先观摩学校老师的授课过程，发现问题、提出问题和解决问题，促进各方面的进步。课堂上，一位有着20多年教龄的老师提出某个问题后，全班学生迅速地举起手。那是一个简单到不能再简单的问题，人人都能不假思索地抢答。这并不能显示老师的教学质量有多高，相反的，恰恰说明了老师的提问没有什么质量。提问与回答都没有“例外”，也没有“质疑”。没人对老师说“不”，哪怕老师的某句话可能是一个小学生也能看到的错误，或者是某个单词的发音并不准确。课堂上没人在意这些。

课堂中间也时不时地夹杂着“讨论”的环节。老师提出问题，建议前后桌的同学四人一组讨论一下。我看到那些学生只是花费了几秒钟确认一下自己的答案是否和别人一致，便很快安静地坐好。这种讨论真的有意义吗？在我看来，不过是在表演一种“学习形式”罢了，根本就缺乏讨论的基础和深度思考的意义，人们也无法从中锻炼和提高分析判断的能力。

学生不会思考，不会讨论，根源在哪里？正是好奇心的缺失。当所有人都不关心来龙去脉时，我们的社会培养出来的将会是大批精致的“利己主义者”。所以，如果你希望情况有所改善，从现在开始，就要先找回自己的“质疑精神”，从质疑每一个课本、每一本经典、每一句名言开始，重新定义这个世界。包括我的这本书，你不要毫不犹豫地认同、接受，要和自己的情况结合起来，寻找你需要的，剔除无用的。如果你能这样做，就完全符合了本书的要求——不管是读书、生活还是工作，都要让自己拥有一种犀利的质疑精神，成为一个清醒而且理性的人。

学会做出“新鲜的选择”

什么是“新鲜的选择”？你是一个每天步行去上班的人，从居住地A到工作地B的直线距离是500米，步行路线是580米，公交路线是670米。因为距离太近，打车不在选项之内。步行的好处是时间可以把控，每次都能保证在 20 分钟内到达单位。公交车则无法精确掌握时间，因为你不清楚它什么时候到站。所以几年下来，你的第一选择总是步行，从来没有坐过公交。对大多数人而言，这个选择就是传统的，是一种共识，几乎每个人都会选择同样的上班方式。

但是，有一天这座城市突然进行了大规模的公交线路改造，楼下的公交站加装了智能模式，安上了电子显示牌，会告诉你下一辆公交车还有多长时间到站，根据 GPS 定位显示的数据，可以精确到秒。这时你会发现去上班突然又增加了一种选择：按照电子显示牌的时间规划出行路线。如果在公交车到站前 1 分钟来到站台，你会获得一种以最快速度到达单位的方式。

这就是“新鲜的选择”，但问题是你必须能够发现它，才能学会选择。现实中人们对于身边的变化拥有一种不可思议的麻木，即便看到公交站的改造也往往无动于衷。他们对生活不再感到好奇，也不再去发现和探索新生事物。所以在不断变化的世界面前，他们总是流于表象，无法深入其里。

我观察过许多出类拔萃的人。他们的身上都有一些共同的特质，那就是强烈的好奇心。因为好奇心的存在，使他们能够对于一件事物、一个问题追根溯源，发现其本质，总结其规律，进而掌握真正的知识。例如微软创始人比尔·盖茨，一位如此成功的人，现在仍然给自己的每一天安排了大量的阅读任务，从历史到经济学，从金融到技术书籍。他学习一切自己不懂的知识，对陌生的领域十分感兴趣。

用他的话来说就是：“这不仅能让我学到新东西，更重要的是这一习惯时刻提醒我，如果我放弃对这个世界的好奇，世界就会抛弃我。”

用全新的视角看事物。如果你感觉对一个问题、一个人感到了厌倦，这种状态会让你失去兴趣。这时，你需要换一个与过去全然不同的视角，去寻找新的感觉，关注对方（事和人）的变化，从而发现不一样的东西。

不要先入为主地对任何事物（人）标上无聊的符号。假如你一开始就觉得无聊，那么你就只能看到事物的表面或者一个人的表象。你将沉浸在自己创造的一种枯燥的情绪中，错过很多真实的体验。“无聊”会阻止我们深入地了解一件事、一个人，所以千万不要有这种情绪。

永无止境地发问。要不停地问问题，无论是提出来，还是在脑海中自问，不要停止发问。提出新的问题，可以让我们的大脑全方位地深入参与到思考之中，直至找出最终的答案。思考是一场寻宝之旅，提出问题，就是在排除道路上的障碍，发现那一条解决问题的终极路径。

第八章

用最简单的技巧，让我们成为一个犀利的人

越是懂得多的人越觉得自己无知，而越是无知的人越觉得自己无所不知。先看看自己还有哪些是不知道的，有什么是做不到的。扫描一下你的记忆，然后为自己列一张“未知清单”。要释放我们的想象力，允许它代替规则和经验，替我们决定一些事情。要直来直去地马上做出一个判断，对问题给出最基本的定义。要重视我们的直观理解，在轻松的状态中做出我们的选择。

一、扫描你的断层记忆：“我不知道的是什么？”

我发现一个很有意思的现象：越是懂得多的人越觉得自己无知，而越是无知的人越觉得自己无所不知。所以和博学的人聊天，总能感觉到对方身上带有一种深深的谦卑，和无知的人聊天，总是迎头遭遇到“无知者无畏”的“锐气”。

在我公司曾经来过一个年轻的实习生。他进公司不过三个月，只是学了些皮毛，却以为自己已经掌握了这个行业的高深技巧。于是他带着一点可怜的资源，一脚就把我这个老板炒了。他自己开了一家工作室。提出辞职的那天，我努力挽留他，并告诉他：

“你所学到的这些东西，能帮你找到一份还不错的工作，但并不足以支持你自己去做一个平台。”

他说：“我想试试，而且已经有了不少点子。”

好吧，他认为自己已经“看透”了这个行业，掌握了创业的真理。结果，一个月后他的工作室就干不下去了，各个环节都出现问题。他开始感觉到和在公司上班时的工作情况完全不同，即使同样的客户，别人对待他也是另一种标准。30 天前，他并没有这种体验。

他很迷惑，发邮件请教我：“这是怎么回事？”我回复他：“你花两三个月就想学到别人几十年积累的经验，是不是有点太急于求成了？在看到自己学到的知识时，有没有想过还有哪些是你不懂的呢？”

后来，这个实习生再没有联系过我。并不是我小气或者记仇，不愿意教给他一些宝贵的经验，而是为有些人的这种“过度自我”的态度感到遗憾。如果一个人过于强调自我的认知，就会把自己锁进一个圆圈，只看到里面的知识，看不到外面未知的世界。当初，这位实习生在公司时我找他谈话，已经告诫过他这个问题，但他并没有慎重考虑。现在，他碰得鼻青脸肿，悔不当初，可已经错过了我愿意给予的机会。

如今有很多人都是以这种浮躁的心态分析问题，处理问题，决定自己人生中的一些重大事件。他们以为自己学到了许多知识——哪怕仅是道听途说了一些技巧或者累积了几年的经验，就可以不用再去学习新的知识，遇到问题时从脑海里抓出一把经验放进去便可以了。他们妄想已有的技能可以“放之四海而皆准”。结果他们在现实中不断地遇挫，原地踏步，有时还会碰到重大的挫折。

已有的经验会给我们挖一个掩藏很好的陷阱。你以为自己很厉害了，其实脚下仍然是空的。知识则是无边无际的，我们看到的永远是一个小数。如果你觉得自己已经懂得很多了，就放弃学习，很快就会被时代所抛弃，因为你没有看到未来的需求。

要先看到自己“不知道什么”

哲学家苏格拉底曾经用一个圆圈来表示人类知识的范畴。圆圈之内的领域，就是我们的“已知知识”，圆之外则是我们未知的世界。圆周越长，表示知识的范围越广；相反的，如果圆周缩成一个小点，则说明一个人几乎是未知的。圆周越长的人越愿意学习新知识，因为他见识到了更大的世界，对未知的部分充满敬畏；知识缩成一个小点的人，他要么害怕外面新的世界，要么就是懒得学习。

我们经常拿阿 Q 精神来形容一个人乐观，但这种乐观其实是基于一种无知的基础。因为他无知，所以才快乐。如果让他看到了自己未知的世界，恐怕他就笑不出来了。阿 Q 在被人嘲笑时总说一句话：“我祖上可比你阔绰多了。”这种态度就是典型的固守在圆心内的守旧思维，企图用过去的荣耀来掩盖现在的落魄悲惨，而且还打着“知足常乐”的旗号。

所以，我要教授给你的第一个原则就是——不要急着展示或者炫耀学到了哪些东西，能做什么，而是先看看自己还有哪些是不知道的，有什么是做不到的。扫描一下你的记忆，然后为自己列一张“未知清单”。在这张未知清单上有 4 个问题，每一个问题都对应一种思考模式，你可以每隔一段时间便拿出来对自己进行提问。

- 我从学校学到的专业知识能解决哪一类问题？（具体回答）
- 我的工作需要我运用哪一些知识？（不会的知识有哪些？）
- 我能管理好自己的生活吗？（生活中的未知技能）
- 我的思维习惯相比过去是否有所改进？（哪些好的思考习惯是我尚不具备的？）

在定期的提问中，我们能从中体会到自己的不足。最关键的部分在于，你要愿意面对自己不懂的东西，而不是掩耳盗铃。事实上，相当一部分人都有后面这种习惯，明明并不清楚某些问题，却非常乐意用自己匮乏的知识发表见解。在炫耀或虚伪的动机驱使下，人们总是会误入歧途，判断错误。

最有效的技巧是“不断地学习”

有人说，“未知”意味着冒险。因为有风险，所以就不再去了解外部的世界。在做出判断或决策时，固执地相信已有的经验，或不放弃过去的立场。这通常是悲观者的态度。在知识的世界，“未知”就是我们的“未来”——能够掌控未来，你才能掌控现在的生活。你可以扫描下自己的知识断层，看看你知道的世界有多大？你不知的事物有多少？然后再问一遍自己：

“我有多久没有学习过了？”

在互联网时代，随着经济结构的不断改革，整个社会的生产方式都在发生巨变。你会发现，那些高薪工作所需的知识壁垒在日益加高，技术的进步让一大批未能及时更新的人被洗掉。这个时代已经没有铁饭碗。今天得意于自己的小成就，明天可能就被一个默默追赶的人挤掉。现实就是如此残酷，想要保住自己的饭碗，唯有保持足够强的学习能力，争取淘汰别人，而不是被对手碾压。

在我看来，“洞见力”是一个动词，而不是一个静止的思维状态。你永远只能用未来去证明现在的洞见力，却不能用现在的成就去证实未来的高度。为了保持洞见和犀利的头脑，我们要时刻维持一种高效学习的状态。只有敏锐地发觉时代的隐性需求，不断地拓展圆内的半径，才有机会无限接近外面更大的世界。

二、让想象力做一次主：“这件事就像玩耍一样简单！”

谷歌的一位产品研发主管说：“我要用想象力做产品研发，研发具有想象力的产品，震撼，感动，并且给它注入灵魂。这是我的职业宣言，也是谷歌的使命。”在他看来，对于最优的决策而言，经验有它的巨大作用，但在最重大的时刻总是一种累赘，比如需要做出最终决定时。这时，不要试图用经验代替你的大脑，一定要释放想象力，让想象力来做主。在轻松而且愉快的氛围中，允许想象力发挥作用，替我们决定一些事情。

“想象”并不是毫无根据的胡思乱想，也不是“想到什么就做什么”的异想天开，而是对头脑中已有的初步想法和灵感进行一系列大胆的加工和改造，从而创造性地实现突破，打破常规思路，解决实际问题。

从这一点来说，想象力就是洞见力的“油箱”。丰富的想象力，能推动我们拨开云雾见本质，在复杂、僵化的局面中看到问题的所在，抓住最根本的矛盾，颠覆性地解决问题。我们在生活和学习上取得的进步，很大程度上都离不开想象力的激励。它也能拓宽我们的视野，增强思考的深度。

就像爱因斯坦说过的：“想象力比知识更重要。因为知识是有限的，而想象力概括着世界的一切，推动着进步，并且是知识进化的源泉。严格地说，想象力是科学研究中的关键因素。”

可以说，人类如果没有想象力，就没有那些伟大的发明创造，也没有精彩绝伦的文艺创作，更没有美轮美奂的建筑奇迹。

我有一次到北京某广告公司参加他们的创意会议，十几个人挤在一个不到 40 平方米的会议室中，桌子上摆满了数码展示设备。在一个小时的会议中，屏幕上充斥着各种信息、资料和想法。坐在会议室的也都是该公司的业务骨干。他们轮番发言，各抒己见，但就是形不成结论，拿不出办法。公司老板拉着脸默默地坐在那里，愁云满面。

造成这种局面的原因是什么？我发现最大的问题是他们的视野一直被困在现有信息和资料的框架内，无法突破性甚至颠覆性地看待问题，审视所有可能的方案。这些人的“聪明头脑”都被一道道的绳子绑住了，眼前是厚厚的“墙”。

会议结束之后，我对该公司的老板说：“假如一个人没有开放的视野和跳出现有环境的能力，他能看到的只是你给他提供的全部信息，永远只能在这里面打转。他不会有突破性的想法，拿不出富有穿透性的意见。”

想象力匮乏也会传染。在一间人满为患的办公室中，每个人都是一个信号发生器。你的大脑受到其他人的诱导，其他人也在受你的影响。在问题刚提出的时候，第一个人的发言往往十分重要。尤其这个人又是项目主管或部门领导时，他的意见等于为所有人划定了一个方向，或者一条轨道。如果有一些发言活跃的人缺乏想象力，那么其他人的思维也会受到抑制。在团队中，每个人的视野是互相影响的。

要发挥出有效的想象力，我们首先应该具备两个基础条件：

- 脑海中有足够丰富的想法；
- 有很强的分析和归纳能力。

以上两者缺一不可，你要有足够活跃的思维。哪怕是异想天开的奇葩观念，也比什么都没有要好。你还要有出色的理性的归纳力与敏锐的预见力，能为这些想法找到一个正确的逻辑——把它们组装起来，赋予其现实的可行性。

要拥有想象力，通常需要经过以下几个阶段：

1. 信息的搜集阶段

开始时，尽量充分地搜集资料，包括文字、图像、音频等，对信息的了解程度越高，涉及问题越多，就越有利于我们找到正确的方向。

2. 信息的分析阶段

针对搜集好的资料和信息进行分析和总结，剔除无用信息，整理关键信息，并发现其中的矛盾和主要元素。

3. 想象力的创造阶段

当必要资料准备到位，集中注意力，展开自己的想象，突破旧的观念，让自己自由地思考，产生灵感，得出新的、具有洞察力的见解。

4. 灵感的整理阶段

最后一步，对我们的想象力成果进行整理和研究，对观点和建议结合实际问题进行评估，看看是否可行，是否能够解决我们面临的主要问题。

三、直来直去地判断："我要马上而且直接下一个定义。"

今年 42 岁的娜塔莉是一名公务员。她有一个幸福的家庭，但她却患了持续多年的焦虑症。她说：

"我不知道自己到底哪里出了问题，对生活对自己充满不自信。

大的事情我没办法做出决定，连日常最琐碎的事情都没办法简简单单地面对。我时常会陷入两难的纠结，比如儿子放学了，我看到洗衣机里未洗完的衣服，无法决定到底是开车去接他，还是让他自己坐校车回来；在商场里看到两种花色的壁纸，我也决定不了是买深色还是浅色；电脑反反复复坏了好几次，我一直没有下定决心到底是再拿去修理还是买个新的。就在昨天，我还在几个报表数字面前犹犹犹豫之时，电脑彻底崩溃了，里面还有我未做完的工作。”

娜塔莉在生活的方方面面都缺乏果敢的决断力，优柔寡断，瞻前顾后。可见她是一个严重缺乏自信的人。她的生活缺乏一种“简单机制”，无法直接决定一些事情。因为她太过害怕承担做决定带来的后果，所以才会缺乏独立的判断力。

“我永远没办法从两条款式相同、只是颜色不同的裙子中决定买哪一条，但类似的情况却时刻在发生，我感觉自己快要疯掉了。有一次老公要出席一个重要的会议，我不得不帮他去商场里挑选西装。那是一场灾难，你知道这简直难坏了我。当时售货员向我推荐了两套，一套黑色的，一套蓝色的。她将这两套西装的优点毫无遗漏地告知我，让我做一个选择，我拿起一套，放下另一套，这个动作反复做了几十次。后来，售货员看不下去了，她建议我打电话咨询我的老公。最后，老公自己决定要那套黑色的，我才彻底从这场反复纠结的深渊中解脱出来。”

娜塔莉为什么如此害怕“二选一”的问题呢？做出一个判断就这么难吗？其实生活中我们每个人都有这种纠结的时刻。究其原因，是因为我们做了一个决定，就要为另一个没有做的决定负责——如果 B 是错误的，A 才是正确的怎么办？这是人人都明白的道理，恰恰也是困难所在：选择了其中一个选项，就意味着要损失掉另一个选项带来的好处。比如令娜塔莉困惑不已的两套西装，如果选择了黑色，就要放弃蓝色带来的潇洒飘逸；如果选择了蓝色，就要失去黑色带来的沉稳大气。无论她怎么选，总要失去一些“潜在好处”。

为了逃避这种失去带来的“惩罚”，她最终把决定权交给了她老公。

娜塔莉的问题真的是只要不让她做决定就能解决的吗？问题并没有那么简单。不做决定的确可以让她免去受过和错过，但同时“不作为”也让她毫无疑问地沾染上了严重的拖延症——直来直去地判断和行动对拖延症患者来说是非常困难的。只要不做决定，她就可以把眼前的问题无限期地拖延下去。直到退无可退之时，由另外一个人来解救自己，这是一种不负责任的做法。

千万不要忽略了这样一个事实：“不做决定”本身就是一个决定，而且绝大多数会产生负面后果。娜塔莉如果没有对买哪套西装做出决定，那她就等于没买。没买就意味着老公要穿旧的西装去参加会议。而一套旧西装会给老公带来哪些影响，会是一个无法预料的新的问题。从这一点来说，她的思维是非常迟钝的。

生活中那些琐事的选择有时并没有对错之分，不管做什么样的决定，都不会给生活带来大的麻烦。面对这种情况时，为什么不删减掉头脑中那些复杂的对比分析，充分运用自己的直觉能力，简简单单、直来直往地做出选择呢？就像娜塔莉买西装，她可以先随意买一套，如果一直对没买另一套感到遗憾，就等过一段时间再买回去就可以了，而且很有可能赶上打折。事实上，她并没有损失什么，也完全没必要纠结。

当然，生活中我们经常要面对一些并不容易做出决定的选择。此时，我们当然可以放慢做选择的速度，以避免快速决定带来的后悔。面临下述情况时，你可以进行较长时间的思考，以运用分析思维做出理性的决定。

当你的决定很重要，可能会带来严重的后果时

比如，你的另一半突然提出了离婚的想法，你是答应还是不答应？若是做出了错误的决定，未来就会导致严重的后果（离婚）。这时，不要过于相信自己的直觉，也不要冲动地判断。如果你要给出一个直接的答案，唯一的选项可能是“拒绝”，而不是同意离婚，除非你们冷战或分居了很长时间。

选择的结果不可逆转时

一个最典型的例子就是整容手术。我们一旦决定整容，就要面对再也回不去自己原来模样或健康的后果。而且整容手术的风险较大，一旦整容失败，对于自信心的打击和对身体的摧残无疑是非常严重的。在一些重大的不可逆转的选择面前，必须保证自己判断的正确性，这是优先原则。

所做的决定需要做很多准备工作时

比如，买房子可以说是一个很大的决定。在做出购买的决定前，肯定要花时间了解市场，多看几套，并向专业人士咨询。这种情况下，“犹豫不决”反而是非常合理的行为。

所做的结果要对第三方负责时

这种情况常常发生在一些重要时刻，而且你所做出的判断会极大地影响其他人的利益。比如你是一家公司的 HR，公司决定裁掉一部分员工以渡过危机。这时留下哪些人，裁掉哪些人，对公司的未来影响是巨大的，也关系到员工的前途。再比如，你的孩子到了合法驾车的年龄，今天是他第一天拿到驾驶证。你会放心地把方向盘交给他，还是选择再等一等？此时，尽量不要直来直去地马上决定，而是深思熟虑。

当你自己做出的选择常常出错时

有一位创业公司的老板对我说，这几年他做了无数次错误的决策，使公司错过了很多发展的机会。这导致他现在已经不敢轻易做任何一个决定，哪怕公司要拿出几万块钱去给一个小项目做一下宣传，他也要召集项目负责人和宣传人员进行长时间的讨论。如果事实证明你自己的第一判断经常是错误的，不论出于专业原因，还是能力、眼光等问题，都不要让自己插手这些事情的决策环节。面对这种状况，最直接的处理技巧是授权相关人员去做出决定，这应该成为我们最直接的判断。

当决定的事情持续长久时

有很多事实证明，那些长久未迈入婚姻殿堂的情侣都有着对于未来深深的担忧。他们会犹豫着要不要结婚，对即将做出的决定产生怀疑。我们要做出决定的事情持续的时间越久，就越难以评估后果。就像婚姻，一旦做出决定，就可能是两个人一生的事情。所以，当遇到这类问题时，一定时间的思考是必要的，必须尽可能规避直觉思维的不确定性。但是，从另一方面来说，结婚是一个“技术性问题”，需要谨慎，而是否相爱是一个“原则问题”——往往可以用我们的直觉在第一时间直接给出结论。

当你并不擅长需要决定的领域时

擅长的东西要果断决策，让我们的结论直达本质；不擅长的领域则需要谨慎对待，要有勇气面对自己的无知。假如你是一个典型的文艺工作者，但你的建筑师朋友却让你替他决定一栋建筑应该采用哪种承重结构，这时你要做的不是犹豫不决或者花时间思考，而是直接拒绝对方的请求，坦白自己对于该问题的无知。

无论是给出意见，还是拒绝表达，都适用于本节主张的“简单法则”：马上做出判断，不要浪费时间。一个人如果因为自身的经历不够，做事瞻前顾后、犹豫不决是很正常的。世事经历得少，对问题自然缺乏判断力，比如我们上面提到的情况。但有很大的一部分人之所以犹豫不决，原因既不是不自信，也不是经历太少，而是好高骛远。他们想得太多，做得太少，因此在做判断时就会瞻前顾后，绕来绕去，空耗时间却没有实际的行动。

有一个年轻人决定下海经商。朋友建议他炒股，可以赚大钱。年轻人顿时一腔热血，可是去银行开户时，他突然又犹豫了：“炒股风险大，我要么等等看吧！”后来又有朋友建议他去学校代课，有了经验就开培训班，收学生，也是一门生意。他想了想，这个职业确实风险很低，于是便答应了。可是等到要去学校报到时，他转念又一想：“代一节课才一百块钱，收入太少了，根本没意思。”

就这样，年轻人在犹豫不决中一晃三年，他依旧没有“下海”，而且一事无成。有一天他路过一片果园，见树上果实累累，便对旁边正在休息的老农说：“上帝真是恩赐了您一片肥沃的土地啊！”老农冷笑一声，道：“那你最好来看看上帝是怎么在这儿耕耘的。”

对属于自己的问题，不要计较得失，应该立刻做出选择

假如问题是你自己的，就不要犹豫，马上做出定义，然后立刻采取行动。在很多时候，我们都应该让自己简单一些，放弃那些复杂的“脑回路”，让思考痛快一点，想要做什么立刻去做。在这个过程中，不要害怕失去，也不要计较得失。我们要给自己一个坚定的信仰，树立明确的目标，然后直接前进。

四、强化直观的理解力：“我的第一个想法有95%的概率是正确的。”

我们在运用思维能力时，过多的人都在强调“理智”和“慎重”，却很少有人提到“直观判断力”。人们总在说：“不要着急，要谨慎，再想想吧。”于是，思考的过程被拉长了，干预决断的信息越来越多，而你的大脑就越来越“糊涂”——“我到底该怎么办？”

这大概与“直观”的思考模式缺乏科学的严谨性有关，就像我们常说的“第六感”。人人都有这种感觉：“我马上想到了一个主意，这是一个很棒的想法！”但在需要做出重大的或最终的决定时，又往往不信任这种“缺乏确切证据”的想法。

“我是不是再想一想？有没有被我忽略的信息？”

这体现了人们倾向于收集更多信息的习惯。但直观真的是一种不值得信赖的判断模式吗？其实不然，作为人类思维的一种既有表现形式，人的直观感知只是看上去有点神秘而已，很少被探究，但它确实存在。很多科学家都曾有过直观带来伟大创想的经历。他们喜欢将这种感觉形容成“神性与心灵的沟通”。无论他们曾经做过多少理性的思考与判断，这种能力所能达成的目标，都是其他能力所无法企及的。

比如，直观的理解可以应用于治疗“选择障碍症”。面对多个选项，当一个人不知道该怎么选择时，不如信赖我们内心中的第一直觉，放弃那些反复对比却没有明显优势的选项。这样既节省时间，又节省精力。

“如果我们的直观是错误的怎么办？”

那我告诉你，根据我们多年的研究，一个人对于某种事物在第一时间产生的判断有 95% 的概率都是正确的。尽管多数人随后用其他信息推翻了自己的第一感觉，但最终总会绕回到最初的选项。

其实，人的大脑都有直观选择的倾向。尽管人们常说“人无远虑必有近忧”，事实上大多数人并没有多少远虑，即便你觉得自己的决定经过了一定程度的深思熟虑，但可能也只是“小脑”直接思考的结果，而非我们大脑理性的决定。我们对于自己的深思熟虑可能并不信任，最终还是会相信自己的直觉。

比如，有一位女士挑选衣服。她先看上了衣服 A，后来又看上了衣服 B，在综合评价了价格、款式、实用性等各方面因素后，她觉得两款都不错。A 的实用性较强，可以穿着于多个场合；B 的款式较新颖，穿在身上很出彩。这位女士的预算只够买一件，最终经过一番思考后，她并没有参考自己之前反复对比的结果——买衣服 B，而是选择相信自己的第一感觉，购买了衣服 A。

不管依靠理性还是直觉来做出决定，最后的判断结果都可能出现失误。面对一个问题，一个人如何选择是由多方面的因素决定的：

· 认知水平。不同认知水平的人所产生的判断不一样；

· 时间和精力。越理性的判断，就越要花费更多的时间和精力；

· 天生的判断力。人的直觉判断力与生俱来，所以不同的人会有不同的准确率。一个人如果常常判断失误，那么他进行自主思考的积极性也会受挫，但许多人都具备直觉的天赋；

· 对他人的信任度。如果别人对你说了一个赚钱的项目，你本来很感兴趣，也乐于参与，但后来你觉得有风险或者可能上当受骗，就会选择拒绝，并且推翻之前的认知。不过，你的判断和选择很大程度上取决于你对他人的信任程度，信任影响了你的直觉；

· 风险承受能力。保守人士和冒险人士在风险承受能力上截然不同。保守人士倾向于守住已有的，不愿意走新路或者做新的尝试。冒险人士天生喜欢挑战，宁愿承担风险和损失，也要搏取更大的利益。

人的决策是一种高级思维方式下产生的判断，只有屏蔽掉低级的思考才能达到更高的准确率。所以这里有个前提——只有基于丰富的经验，我们才可以相信自己的直觉。反之，如果不愿意调动分析思维进行深度思考，而过于依赖直觉思维，就会做出错误的判断。这是本书一再强调的地方：直觉思维与分析思维必须结合起来。

第一，直觉思维能够大量地节省脑细胞——时间和精力成本。但是，大脑的作用不就是为了思考吗？如果总是依靠直觉，什么都不思考，你的洞察力就会原地踏步，甚至产生退化。所以，即使第一感觉是正确的，也要进一步深度思考以收集明确的信息。

第二，直觉做出的判断通常是大多数人的认识，或者是基于自身观念的固有反应模式。但是，新的想法总是极少出现在大多数人中，而是在极个别人的大脑中产生。就是说，假如你的直觉是基于大众常识的，我并不认为它是一直值得依靠的。对于常识而言，有很多好机会都是在常识面前被浪费的。

第三，如果一味依靠直觉做判断也容易被人利用。那些不爱动脑子的人很容易被聪明人看透内心的想法，从而针对他们的选择倾向攫取对自己有利的价值。电视和地铁广告就是这么做的。广告策划者通过“信息轰炸”的方式让产品在消费者的心中形成一些较为深刻的印象，他们在购买时就会不假思索地选择这款产品。你应该具备的技巧便是，在需要掏钱买单时多思考至少 10 秒钟，审视自己的直觉。要怀疑一切让你花钱的直觉。

大凡那些成功的人都是爱动脑子的。他们的直觉理解力非常强大，总是可以在第一时间做出明智的判断，但他们又不依赖直觉。在关键时刻，直觉给了他们方向，然后再运用自己的经验评估成功的机会。

五、放松而非刻意的分析：“我要在最轻松的时候做出判断。”

人们习惯于在紧张的时刻思考重大问题。这往往是因为当面临重大问题时，人们立刻就会变得紧张起来，并不由自主地开启一种冲动的决策模式。于是，错误就在这时候发生了。我可以和你分享一个简单的思考技巧——寻找自己最放松的时间来处理那些较为重要的问题。如果没有轻松的状态，而且任务并不紧急，那就暂时关闭大脑。

华尔街著名的股票经纪人 J.K. 塞洛斯说：“我越是想要得出一个答案，大脑越无法思考。转动一下椅子，吐几口烟圈，反而更能使我做出精确的判断。”

为什么会出现刻意集中注意力反而无法解决问题的情况呢？这是因为人们在思考时存在两种不同的模式：

1. 专注模式

在专注模式下，我们会集中注意力学习和研究某事。这时大脑中被激活的神经链只是局部的一些细胞。它们被动员起来开始运行分析机制，对于解决实际问题比较有效。大脑中其他的“无关部门”则休开尊口，不要发表意见，也不要发送干扰信息。比如你正在运用一个数学法则解决运算的问题，那这个过程中就需要具备数学功能的神经贡献力量。

2. 发散模式

这个模式通常开启于大脑比较放松时，比如洗澡或者喝茶的时候。这时我们不会刻意地想要解决某个问题，利于创造性的发挥和进行直观的判断，灵感很有可能在此时迸出，一个长久未能解决的问题在无意识中突然就有了答案。

这两个模式是可以互换的，只不过有时不能同时进行。比如面对一件熟悉的事情，我们的大脑通常会处于专注模式。这时只需要调动大脑局部的神经，就能攻克问题。当我们需要创造一种新思路和新方法时，大脑就要切换到发散模式，让神经活跃起来，才更容易突破。

假设我们的脑海中有很多小球，在专注模式下，一部分小球会按照既定的轨道运行，其他小球则按兵不动。而发散模式下，所有的小球无规律地在脑海中穿梭，随时都可能被触动，进而产生以往很难触及到的灵感。

如果你正在面对一件自己“不想做的事情”，即使强迫自己进入专注模式，也可能没有任何效果。比如你不想学数学，大脑中专注于学习数学的相关区域的痛苦记忆就会被激活，这时大脑会自动地将注意力转移，转而去关注那些令人不那么痛苦的事情。

做判断或者做决策对每个人来说都不是一个“快乐”的过程——除非我们是在一堆金子里面挑出一个最大个儿的抱回家——假如强迫自己去做一个分析，最终可能会选择一个并不理想的结果。换句话说：刻意而又严谨的分析会让人感觉不快乐。

有一次，史密斯讲了一个非常有趣的故事：

一个经常出差的人从美国洛杉矶国际机场坐飞机去北京。由于太过疲惫，他特别想在飞机上呼呼大睡一场。然而多年的失眠症状却是很大的障碍，他总是没办法在飞机上入睡，除非有医生开给他的安眠药片，只需一粒，就可以安稳地睡上几个小时。他记得在北京买这个药片需要 100 元人民币，而在洛杉矶国际机场，这个药片只需要 50 元。这时他会怎么想呢？他会想：哇哦，这可真实惠，价钱便宜一半，我必须要买一片。如果可以，甚至要多买几片。这时，一个印度客人也来买这种药片。他看到 50 元的价格后大呼：这可真贵，在印度这种药片只要 5 元，我宁可回去再睡。这时，之前那位旅客把手中 50 元一颗的药片重新放了回去。他的脑海中正在进行一系列的挣扎和斗争，在计算了利弊得失之后，他最终还是支付了 50 元。

这位旅客的行为是非理性的吗？其实不然，尽管知道了这种药片巨大的差价会令心里产生不舒服感，但这并不妨碍他实现自己的目标——在飞机上睡一觉。他仍然会在安稳的睡眠中感到快乐和满足。

如果这算得上非理性的话，那我们生活中非理性的决策实在太多了。比如一个痴迷于炒股的人，当你告诉他未来的价格可能会有下跌的趋势时，他宁可少赚 100 元现在就抛掉，也不愿意等到损失了 100 元之后再抛。同样是损失 100 元，在经济学上没有什么差异，但对于人们的心理体验却完全不同：

少赚 100 元，我们仍然会获得投资成功的喜悦感；但如果损失掉 100 元，会让人感觉非常失望。

可是，如果算算数学账，损失 100 可能比少赚 100 更加划算。由此可见，在紧张状态时人们做出的选择总是一种“非最优”的选项，更多的是出于止损的目的，而不是为了帮助自己获取最大的收益。

Postscript
后记

在“功利主义”大行其道的今天，人们到处学习“如何成功”的学问。在互联网和信息时代，人们像饥渴的婴儿一样吸收着各种信息，似乎这样就能使自己无所不知，无所不能。但是，决定一个人的思想深度和一生成就的仍然是潜藏在我们头脑中的直观洞见力，是对事物的简洁理解和返璞归真的能力。

你不妨回忆一下，当你听完一段精彩的演讲、读完一本观点犀利的书或者一篇逻辑缜密的文章后，总是觉得很有道理，深受启发，发出许多感慨：“他懂得真多，为什么我就想不到呢？”

是啊，为什么我们想不到呢？你可以审视一下自己：

· 参加工作已有六七年，甚至十几年了，经验丰富；

· 学习了至少五门外语，去过世界很多地方，了解不同的风土人情；

· 一年阅读60本书，写下了无数的读后感；

· 会使用各种电子设备，是在信息海洋游刃有余的高手；

……

你发现自己知道得很多，就像一个图书馆，也做了很多次的学习和工作计划，然而，却终归不知道如何使用自己学到的这些知识，也不懂得对事物做出自己的判断。你发现自己这么多年来，竟然一直是在重复别人的结论，坚持的也是别人的观点。你对眼前的问题讲不清楚，对未来的问题也做不了决策。

所以，这是为什么？

那些能用一次 15 分钟的演讲、一本 10 万字的书和一篇 2 千字的文章征服无数人的“大神”，并不是因为他们对信息有特殊的获取渠道，也不是因为他们有隐藏的神秘工具或者有什么了不起的背景，而是他们的深度思考能力——如果一个人能够基于信息做出有效的深度思考，从似是而非的各类信息中发现关键的问题，得出正确的结论，他就可以形成自己的洞见乃至思想上的创造。

在本书看来，这样的人就是犀利的！

培根说：“疑而能问，已得知识之半。”事实证明，面对纷杂的信息和多变的环境，主动提出问题、发现问题是培养直观洞见力的第一步，也是最为基础的一步。因为如果你不能对这个世界给予你的信息提出疑问，你就无法对它们进行归类和筛选，也就不能辨别其中的真假，提取有用的信息。

毫无疑问，20 年前我刚开始工作的时候，养成的第一个习惯也是像很多人那样，成为信息和资料的“奴隶”。每当开始一项任务，我的第一件事就是寻找各种资料和技术文档，向前辈请教，或者找一些成功的模板拿来借鉴。说是借鉴，最后的结果总是依样画葫芦，没有自己的见解。后来随着工作的进展我发现，这么做对于“人的成长”是无益的，会让我逐渐陷入一种经验化与平庸化的状态，我会成为无用信息的一部分，而不是去创造新的东西。

于是，我决定更改自己思考问题的方式——我要变得富有洞见，而不是萧规曹随。有一次，在复盘那些精彩的演讲和文章的时候，我发现它们都有一个奇妙的共同点：“自问自答。”无论是打动人心的演讲还是精彩的文章，他们都是在提出问题，然后回答问题，借此表达自己不同于其他人的观点。

就像著有《发现的乐趣》短文集的著名物理学家、演讲家理查德·费曼所说：

“我认为任何可以输出观点的活动都可以促使我们主动地去提出问题，激发思考，例如演讲、写作和积极的分享。我们可以在这些活动中主动地抛出一个问题，讨论和回答并把它分享出来。在这个过程中，经过和不同人的讨论，我们往往能看到更加深入和透彻的问题，提高自己对于不同事物的洞察能力。”

如何提出问题?

重要的是如何提出有深度的问题，而不是在表面信息的驱使下肤浅地泛泛而谈。问题的深度决定了我们思考的深度，也决定了我们的眼睛对于事物的穿透力到底有多强。除了能够提出非凡的问题，我们还要能够从多个角度对其进行思辨和批判，剔除虚假的内容，加强思考的效率。这一切的目的，都是为了提炼出我们的观点。

即使是最简单的问题，通常也分为很多种类型，比如 What、How、Which、When、Why 等。提问的类型不同，答案也就有所差异。我们可以将一个问题的思考分为三类：

- Why 型：为什么？
- What 型：是什么？
- How 型：怎么做？

其中，最能启发人的洞见力的问题是哪一种呢？是第一种 Why（为什么）再加上一句 Why Not（为什么不呢）——对问题的根源进行质问和从否定角度出发进行思考，会更加驱动我们对于相关问题的理解，让我们能够对事物提出对比型和选择型的问题，从而将错误的、迷惑人的选项踢出大脑，和那些反应迟钝的人拉开距离。

比如：

问：为什么我比其他人更努力，仍然总是失败？

答：因为我不擅长时间管理。

问：为什么我缺乏时间观念？

答：因为计划做得不合理，很难执行。

问：为什么计划做得这么差？

答：因为我对工作和任务都太乐观了，导致执行的难度超出预期。

问：为什么不换一个更好的工作呢？

答：因为我最喜欢的就是眼下这个工作。

采用这一类问题的思维方法，运用连续的 Why 和 Why Not 来对相关的问题层层分解，直至问题的最底层——这时你不仅看到了问题，也看见了根源。在提出问题和回答问题的过程中，最重要的是解释：

第一，为什么会这样？

第二，有什么理论或者知识可以解释？

第三，还有哪些相似的事件可以参考？

对于同一个问题，我们可以连续地以“为什么”来进行自问，以追究其根本原因。结合本书的内容，这将是一种很好的练习方法。当你的思维养成“打破砂锅问到底”的好习惯时，你会慢慢地适应外部环境中的信息乱象，不轻易地被表层的信息迷惑，也不会急于给出一个安慰性的答案。因为你已经知道，真正的洞见往往藏在问题的最下面。只有拨开云雾深入分析，才能找出问题“根本的解”。

“看到”和“看见”的区别

“看到”和“看见”到底有什么区别呢？当你阅读本书第二章的内容时，你可以清晰地体会到两者的差异。就像我们提到的一个每年阅读 60 本书却仍然一无所知的人一样——这就是看到，而一个每年读书不过 6 本的人也许更有见地和创造的活力——这就是看见。相比知识渊博的前者，后者才是一个活得犀利的人。

为了实现从“看到”到“看见”的跃进，学会系统思考是不可缺少的一步。因为事物要放在一个大的背景下去看，你才能够发现和理解它的意义。读了 60 本书，这些书在你的头脑中都是孤立的，从来没有构成一体，也没有与外面的时代发生关系，那么你就白白浪费了 60 本书的时间。只有系统化地思考，知识才能转化为实际的力量。

在我们生存的这个世界，任何一个事件和一种现象均不是既定存在和孤立的，背后都有千丝万缕的联系与辗转曲折的线索，彼此之间互相依存、影响和互动。一个有犀利洞见的人，必然是一个能够跳出知识的局限、看到全局的人。当他读到一本书时，脑子里面想到的并不仅是“这本书讲得有多好”，还有书上的知识在生活和工作中的应用场景“看见”，以及“这些知识一定就是正确的吗”？要看到过去已发生和当下正发生的事件，也要看见未来的潮流，而且对于我们所存在的环境能够直观地理解，洞察其中的规律。

我们要学会在大背景下去思考，要建立知识间的关联，这样才能看清楚问题的前因后果。简而言之，通过本书，我希望读者可以充分地理解系统化的思考，建立宏观视野，进一步帮助我们自己历练洞见的高度和深度。

培养深度的洞见力

在撰写本书之前的几个月，我正好为洛杉矶当地的一所学校推出一个名为“深度阅读”的课程，以培养学生观察事物和理解知识的深度。《哈佛商业评论》(Harvard Business Review) 的专栏记者爱德华·瓦内从剑桥赶过来，写了一篇 3000 字的报道，并在文中说：

“经过长时间的深度阅读，人们可以培养自己的洞见。要培养洞见，就必须拥有相当的知识储备和经验。当你接触的事物多了，处理过的问题多了，一旦再次遇到类似的事物时，就能瞬间明白其中的道理，看透事物的真相。”

瓦内提到了深度阅读产生洞见的前提，就是大量的阅读。他鼓励人们学习更多的知识，从量变达到质变。不过就像我在本书中讲到的，要获得深刻的洞见，并不是只要大量地阅读和收集信息就可以做到的，因为“信息过多”未必就是一件好事。重要的是如何将这些知识转化为问题，从问题中发现不为人知的东西，再升华为自己的洞见。这样看问题，我们的思维才是深刻的，认知才是犀利的。

A：决定一个人能站多高、走多远的，是他思想的高度与深度。

这句话只是本书观点的“前一半”。请记住，是“问题”的高度和深度决定了一个人思想的高度和深度。所以为了获得深刻的洞见，你要学会“问问题”，随着问题一个个被回答，又会出现新的问题。真正的智慧就在这个过程中产生，像抽丝剥茧般不断深入，解决生活、工作中的那些重大的问题。

B：面对“信息海”，要让自己逐渐形成探索式与独立的思维模式。

在今天这个“信息爆炸”的互联网时代，如果你只是“被动地接收信息”，那么将很难站在时代的前端。在判断力的问题上，我们悲哀地发现，似乎绝大部分的人——包括许多领域的精英——都习惯和乐于跟随权威的脚步，听从和采纳他们的建议。当人们不断地指责权威时，我认为真相是这些人主动地放弃了由自己来思考和做出判断——他们心安理得地享用了偷懒的权利。

幸运的是，我们在书中不但提到了盲从权威对于自身判断能力的危害，也总结和提出了其他影响和妨碍洞见力的因素。比如对经验的依赖、对制度的无条件遵从、对思维定式的服从和对好奇心的压制等。我们只有刻意地练习独立，强制性地锻炼自己使用探索式的思维模式，主动地提出问题并且不间断地深度思考，才能战胜这些旧习惯，养成新习惯，并最终形成自己独立而且富有洞见的思维模式。

写在最后

最后，在准备结束本书阅读之旅的这一刻钟，请抬头看看时钟。现在是哪年、哪月、哪日的几点钟？也许2017年的秋天即将过去，也许冬季即将来临，这一年就像流逝的溪水一样无法逆流。此时看看过去，问一问自己：

- 在已度过的这些岁月中，我对生活和事业的预见和选择哪些是正确的？
- 我当初制订的计划完成了多少？
- 我还像昨天那样对未来自信满满、充满期待吗？

每年都会有很多人问我如何提高自己的判断力，如何产生深刻与犀利的见解，成为一个富有智慧的人。也会有人请教我怎么预见未来，制订计划，或者询问我有什么方法能让他一年读30本书、学习4门语言，然后就可以变得强大起来，就像对自己进行了一次全方位改造一样。

我们都有过这样的单纯的梦想，我曾经也是如此，在每一年的开始时激情满满，预备了多种课程、计划，仿佛只要按部就班地完成它们，到了年底就会成为“真正的专家”一样。但是经过这些年的实践，事实并非如此。现实也一再告诉我们每个人，要解决人生中的种种问题，你必须首先看到问题，包括一份完美计划中的问题。

希望本书能够帮助每个人找到答案！

Appendix

附录

让你从此“变得犀利”的100条忠告

1. 审视我们和世界的关系。本书并不仅是关于判断和洞见能力的指南，通过书中的内容，你可以真正地给予自己一些时间，坐下来重新审视和这个世界的关系：“我看到了什么，我得出了什么？”洞察世界的本质，提高自己分析问题的能力，拥有犀利的思维和明智的生活态度。

2. 信息的悖论。理论上，信息越多我们就越能得出准确的结论；但事实是，信息的增加反而让我们判断出错的概率变大了。无限的信息供应创造了一个精彩的世界，也带来了很多的“雾里看花”的烦恼。

3. 机会总是青睐果断的人。你一旦拖延，就总会拖延。当你看到机会时，不要犹豫，也不要拖泥带水，必须说到做到。果断是一个人能够捕捉机会和将能力转化为成果的重要素质。在事情开始的第一秒钟，如果你不能立刻做出决断和采取行动，大脑中的拖延因子就会马上发作。

4. 非此即彼的错误。有相当一部分人看待问题时都喜欢采取“非黑即白”的态度，不是对的，就觉得一定是错的；不是黑的，就一定是白的。这种极端化的思考现在十分流行，已经成为困扰现代人的一大难题。我的建议是，适当让你的判断往中间靠拢一些，学习中庸的法则，才能在对和错之间找到正确的支点。

5. 多项选择题。有很多问题并非只有一个答案，事情总是这样。我们不一定“非得怎么做”，而是可以“从多种方案中灵活选择”。要学会做多项选择题，同时也要懂得为自己提供多个选项，而不是吊死在一棵树上。

6. 问题背后的问题。大部分人都可以“发现问题”，但发现问题背后的问题，却只有极少数人能够做到。这表明，许多事情存在足以乱真的假象，很多似是而非的信息会对我们的判断构成干扰。对问题提出问题，扒开外层，深入其里，是你应该练就的本领。

7. 似是而非。有时候，你看到的答案未必就是正确的，因为其间的条件经过了包装、诱导或者存在其他隐藏的因素。就像一座摇摇欲坠的房屋，当你认为它的大梁存在质量问题时，也许顶瓦下面的白蚁才是罪魁祸首。看不到白蚁的存在，只更换大梁解决不了问题。因此，不要急于下判断，对任何表面的问题都要警惕。

8. 化繁为简的判断。越简单直接的判断，就越接近最后的真相。就像奥卡姆剃刀定律所说的：“如无必要，勿增实体。”避开繁琐的无用环节，直达核心的本质，这要求我们擅长于发现问题的关键环节，拥有直达内在的力量。

9. 说一万遍，不如做一次。“犀利”不仅体现在发现，还表现于行动。一个正确的道理，你唠唠叨叨地讲上一万遍，不如闭上嘴巴去做一次。只需要做一次就够了，用行动解决问题，比用语言表述问题更宝贵。

10. 直觉什么时候最正确？直觉不是第一印象，而是经验积淀和洞见才能的结合。但是，直觉在何时才拥有最正确的概率呢？我的看法是，在你对事物的原理已有充分的了解时所产生的第一个想法，往往就是最接近正确的答案。反之，如果你不了解，就不要轻易相信直觉。

11. 避开“自我预言”的陷阱。看到什么，就相信什么。反过来说，有时人们相信什么，就会看到什么。这就是“自我预言”。为了化解这一思维模式对我们的害处，你要做的是建立“证据机制”——让大脑相信证据，而不是某种单纯的期待。

12. 1 小时思考，10 秒钟决定。这一思考和决定的时间比例决定了，判断在本质上是一个相当理性的事情，即便最为直观和快速的判断，它也早在我们大脑内经历了相当成熟的思考。在思考和分析时尽量谨慎，但在做决定时要尽可能干脆。

13. 评估信息的价值。一个问题是，在搜集和接受信息时，我们要考虑这些来自不同渠道的信息到底有多大的价值。为了解决问题，我们会从不同的渠道、用不同的方式搜集信息，包括手机的、电脑的、朋友的、客户的、新闻媒体的，来源五花八门，但是很少有人认真思考过这些信息的水分。我的忠告是，在把信息纳入分析之前，就先对其进行评估，而不是全盘接收。

14. 不要把金钱放在第一位。在评估信息的价值时，不要把金钱的收益放在第一位，要重点评估它们产生的机会和能力价值。同样的一条信息，一个只看到物质收益的人，远远不如能够看到未来潜在机遇和社会价值的人具有更宏大的视野。

15. 看到时间成本。为了得出一个结论，你统计过自己在这些信息和资料上面花费了多少时间吗？是一周还是一个月呢？或者仅仅用了短短的几个小时、几分钟？对于需要解决的问题来说，这个时间是多了还是少了，从最终的收益来看，投入是否值得？如果你在信息的海洋中畅游 5 个小时，仅是为了解决一个只用 5 分钟就能搞定的问题，这个成本就是不值得的。

16. 收集积极的信息提供参考。在收集和归类信息时，你要面对的一个问题是，是否总结过这些信息给你自己带来的影响？对于一个重大的判断，我们要尽可能收集积极的信息，而不是消极的资料。

17. 建立信息筛选机制。现代人有一种“疾病”，由于生活和工作节奏的加快，每天忙于思考和处理各种事情，时间被压缩到了极致，于是人们很少对过去一段时期的思考和行动的“效能”进行总结和反思。很多人都没有想过在刚过去的一段时间中自己接触到的所有信息产生了哪些影响，也不会认真地考虑为自己建立一个完善的信息分类系统。当你将信息不分良莠地全部收纳进大脑时，你就无法做出最为清醒的判断。

18. 严肃地思考自己的需求。你需要严肃地思考一个问题：“我的需求是什么？”根据自己的需求，哪一类资料和哪些事物是值得自己花费时间和精力去阅读和了解的？缺乏这些资讯又会如何影响我对于问题的判断？要根据需求来检测信息的实用价值，不管是工作的、生活的还是消费的，要理性地牢记自己的出发点，这样才能实现高效率的思考，得出有益的洞见。

19. 组合“有用资讯”。信息的组合至关重要。但在现实中，我们需要的有用资讯少之又少，可能只占到每天所接触信息的 1% 不到。各种信息通常掺杂在一起，难辨真假，也无法简单地一眼区分出来，因此你要学会将有用信息挑拣出来进行组合。在少数有用的信息中，发现自己需要的东西。

20. 使用“最少的精力”。你要经常考虑如何用“最少的精力”来为自己获取最有用的资讯，例如在网上购买一件衣服，在搜寻商品信息时必须不受到其他类别商品的影响，要把有限的精力用到最重要的事情上，专注地在最短的时间内搜集到自己需要的与这件衣服相关的重要信息。问题是，现实中很多人是无法如此保持注意力的，他们特别容易在这个过程中冲动地做出其他选择。这是人们在消费主义时代的主要行为特征，也是无法产生理性洞见的原因之一。

21. 找到主要的“关注面”。比如，你可以为自己设立一个新闻关注面——财经领域，或者是工业制造、文化娱乐，它应该是你非常感兴趣的题材。然后，在做信息的筛选时就对自己设置好的领域保持关注，踢开其他领域的信息，心无杂念地提高自己在这一方面的认识能力。

22. 一开始就要有一个目标。要为我们建立一个目标，而且是明确的目的。因为为了实现庞大的计划，我们需要庞大的信息量。如果没有目标，你可能根本无从下手。你要把它分为长期和短期的阶段性目标，制订阶段性的计划来搜集信息，做到有的可循，防止被其他事物所干扰，影响自己的判断。

23. 用兴趣引导直观的感知。兴趣是产生洞见的一个重大因素。对于自己感兴趣的方面，你可以多花些时间和精力深入了解。如果产生了强烈的兴趣，我们总能深入地研究和思考，并发现很多与其他事物不一样的东西。比如，大凡是天才，他们对自己所擅长的领域都是极感兴趣的。

24. 思维决定眼界，眼界决定作为。有思维才有眼界，有眼界才有魅力；有思维才有思路，有思路才有作为。这表明，一切最高层级的心智，都是由人的思维和眼界共同决定的，而不是“你从书本上学到了多少知识”。

25. 你得到多少财富，取决于你对世界的认知。财富不仅来源于知识，更源于我们的心智。心智就是思考的能力，是你对于世界的认知，也是对于事物的洞见和对其本质规律的把握能力。

26. 观念、行动和原则。和能力比起来，观念总是最重要的。和承诺比起来，行动也总是最关键的。和我们的目标比起来，思考的原则才是最基本的。

27. 视野决定了我们的创造力。不要觉得现在很好，就以为将来也很好。未来是由我们的视野决定的。一个人有没有创造力，看他能看到、想到什么就可以了。

28. 尊重规律，才能看到机遇。无论任何时候，我们都要尊重事物的基本规律。因为按规律思考和行动，比听从别人的看法更为重要。事物的本质，就藏在那些万年不变的规律之中，而不是书本和别人的嘴巴里。

29. 重视和挖掘自己学习的能力。必须不停地学习，才能保持正确的方向。一个愿意不停学习的人，即便他没什么学历，也能逐渐取得很好的成绩。因为再笨拙的学习，也比头脑懒惰能获得更多的智慧。

30. 知道自己需要和不需要什么，才能看到和把握机会。如果不知道自己需要什么，就不知道什么是机遇。因此，想真正地抓住机会，就得明确自己想要什么。

31. 提高你的综合素质。现在不再是比拼专业，而是比拼综合素质的时代。什么是综合素质？就是智力、知识、觉悟和意志力的结合。这几项能力融合在一起，就是一个人驾驭世界、洞察人心的法宝。

32. 有动力才能深入思考，会做人才能想到实处。工作需要动力，更加需要有所区别的智慧。一个会做人的工作狂，是老板最喜欢的优秀属下；一个会做人的目标远大的老板，是客户最喜欢的合作伙伴。前者对任务能够深入思考，后者对生意能够讲求实际。

33. 心态要正确。不论任何时候，你的心态都要正确，摆正位置，看清方向，否则就容易走入歧途，犯下错误。这说明，思路的清晰远比卖力的苦干来得重要，人在任何时候都要保持冷静和理性。

34. 多去做对的事情，才能有对的洞见。随时都要做正确的事情，因为选对前进的方向远比闷头努力地去做事重要一百倍，去做对的事情，永远比把错误的事情做对更重要。

35. 必须愿意体验痛苦。感到痛苦并不是一件坏事，人要成长就要经历痛苦。因此，不要害怕失败，要懂得从失败中总结教训，体验其中的酸甜苦辣，才能发现其后的光明大道。痛苦是产生真知灼见的基础，也是帮助我们成长的良药。

36. 远见、人才和健康。一个成功者，一个拥有犀利洞见的人，他首先必须拥有远见，其次必须拥有人才，最后必须拥有身体的健康。这是成功三要素，也是我们经营好自己人生的三条基本原则。

37. 观念、性格和风格。观念决定出路，性格决定命运，风格决定高度。对这三个问题，你要有颠覆性的思考，不要被传统的思维所束缚。

38. 要有改革的勇气。人们表面上缺的是金钱，本质上缺的就是对于未来的洞见。所以，要勇于改变，敢于变革。要有改革的勇气，才能洞见未来，真正把握自己的命运。

39. 不要让自己的脑袋贫穷。一个人的口袋贫穷没有关系，一个人的大脑贫穷才是最可怕的。很多人不是没有遇到好机会，而是自己没有好的观念，不能接受新的思维。所以即便有好的机遇摆在面前，他也无法抓住。

40. 改变思维，才能改变境遇。要想改变命运，就必须改变思维。只有人的思维改变了，看问题的方式有了改进，他的心态才能改变，行动的效果才有改观。

41. 尊严比富贵重要。富贵是动态的，今天你可以是世界首富，明天就可能变成穷光蛋。只有尊严永远不变。人首先要活出尊严，其次才是活出你的地位和成就。

42. 如果事情无法改变，就先改变自己。每个人都要展现自己的不凡，去和命运抗争！但如果事情无法改变，那就改变自己。改变了自己，就改变了眼界，发现了新的角度，找到了新的出口。

43. 努力未必就能改变命运。传统的看法是：只要努力，命运就不会抛弃你；只要努力，机会就不会错失。但在我看来，命运并不是一个摆在货架上的商品，付钱就能拿走，而是一个狡猾的擅长隐形的家伙，你要把握它，改变它，就要让自己的大脑拥有最好的雷达。

44. 今天是明天的基础。决定今天的是你昨天对人生的态度，决定明天的是你今天对工作的付出。我们的今天由昨天决定，明天则由今天决定。如果不能看到这一点，你就无法经营好“当下”。

45. 成功不能寄望奇迹，要倚仗我们的头脑。成功不能指望运气。因为运气能帮你一次，帮不了你第二次、第三次。成功不在于你有多少资本，而在于你如何运用这些资本。因此，成功依靠的是努力，是你具有的智力，也是对长期工作效果的考验。

46. 知道自己去哪儿。最重要的永远都是——知道自己去往何方。所以不管干什么，先看清方向，接下来所做的事情才有意义。

47. 再努力一会，再有策略地努力一会。想得到一样东西，不但需要勇气，还需要坚持。有时候，不是你没有办法做成一件事，而是你放弃得太早了。如果再坚持一会，你会看到不一样的结果。当你努力坚持的时候，也要看看自己的策略是否正确。

48. 环境的作用。环境对人的影响很大。就像一粒种子，它必须放到肥沃的土壤才能生根发芽。好的环境成就好的结果，坏的环境则让人走向歪路，产生错误的认知。

49. 懂得如何避开棘手的问题。快速判断的一大原则就是，你必须懂得如何避开不必要的问题和风险，这比知道怎样解决问题更重要，更宝贵。因此，最后的胜出者总是善于预防风险的人，而不是精于战胜“无关问题”

的人。

50. 走出去，而且要立刻走出去。只有果断地走出去，融入世界，才能看到世界。眼界是人生的起点，是成功的保证，躲在家里就只能看到家，走出去才能看到无限的机遇。

51. 学会花钱，看清钱的真正价值。钱放着不动，永远只是钱；把钱花出去，花到有用的地方，才能让钱生钱，让钱给你带来更好的机遇。

52. 如何理解“大脑为王”？智力、观念和思维，是我们参与社会竞争的最有力的武器。再多的财富，也买不来这些；再多的付出，也换不来这三样。世界上最大的机遇，全藏在人的大脑中，问题是你发现了没有？从现在起，重视自己的观念开发和思维的提升，它们才是帮助你走向成功的基础。

53. 情绪的底线。你要控制自己的情绪，不要让情绪控制你的行动。人和人之间的差别，有时就在于情绪的控制。你要让自己变得平和、从容与淡定，而不是愤怒、冲动和盲目。你要让心灵来启迪智慧，而不是让耳朵来支配你的心灵。

54. 至少给自己准备一个备用方案。要讲究预案，更讲究备案。在顺利的时候想到不利，在不利的时候准备好退路，在现行方案行不通时，就要及时拿出备用方案。拥有备案思维，可以让你在工作和生活中不论遇到什么突发情况，都能从容应对。

55. 人生观决定贫富，思维决定成败。决定贫富的不是你的家庭背景，不是你的机遇多少，而是你的人生观。正确的人生观是我们的起跑线，也是我们在竞争中的“加速度”。

56. 信念对于洞见的影响。你有什么信念，就有什么态度；有什么样的态度，就会有什么样的作为；有什么样的作为，就产生什么样的结果。因此，要想取得一个好的结果，就必须建立好的信念。

57. 纠正不良习惯。不良习惯如果不进行纠正，就会融入你的本能，产生不良的惯性。它将改变你的人生走向，铸成错误的行为模式。现实中，人们往往难以改变习惯，因为造就习惯的就是他自己。所以，失败者其实是不良习惯的奴隶，只有挣脱不良习惯的枷锁，才能形成富有洞见的思维。

58. 方向如果错了，一切都会错。假如你的方向错了，那么你越是努力，错误就越大。在埋头工作时，一定要抬头看看你正朝什么方向走去。方向如果不对，再多的努力都白费。

59. 重要的不是成功，而是在追求成功的路上不迷失自己。对人生而言，重要的不是你现在所站的位置，也不是“是否成功”，而是你有没有迷失自己。一个人只要有清醒的自我定位，就不会失去自己的方向。

60. 前瞻的决断力。只有当下的决断力还是远远不够的，要想争取主动，就必须占据未来的优势。这决定了我们必须拥有前瞻性，要对未来有良好的判断，并且做出迅速而正确的决策。

61. “提出问题”很重要。要大胆地提出问题，看到问题，这远比解决问题艰难，也比解决问题重要。因为解决问题只是技术性的，而提出问题才是革命性的，是决定性的。所以，预先发现问题的能力才是我们优先具备的。能够发现和提出问题的人才有资格担任重要的领导者，只能解决问题的人则只能成为一个优秀的下属。

62. 要有正确的思考观念，这比工作经验重要。经验固然很重要，我们离不开经验。但是，思维观念的正确与否，比经验起到的作用更大。因为经验只能使你做好现在的工作，而思维观念则决定了未来的工作是否正确。

63. 只有你自己才能杀死你。在某种意义上，唯一能够限制你的，就是你自己的头脑。只有你自己才能杀死你，外部的任何力量都不可以。明白这一点，你就知道了一条真理：只要自己强大，你就能成功；反之，如果你很虚弱，那么你一定失败。

64. 没有做不到，只有想不到。在这个世界上，没有人类做不到的事情——除非是炸掉我们所居住的星球。就像没有比脚更长的路，没有比人更高的山。只有想不到的人，也只有不敢想的人。阻挡你前进的不是外面的困难，而是你内心的怯弱。

65. 享受思考的过程。不管发生了好事还是坏事，首先都要接受它，而不是逃避。要享受过程，不要只盯着结果。说白了，不要埋怨事情的本身，而要改变自己陈旧的观念。

66. 不定期调剂自己的心情。我们无法改变很多事情，但我们可以改变自己的每一次心情。心情改变了，看待事物的角度就不一样了，那时就会得出完全不同的观点。

67. 早看一步，早跑一步。早跑一步就是事事想在前，行动跑在前。在别人不明白的时候你明白了，在别人明白的时候你已经行动了，在别人行动的时候你已经成功了。不管是思考还是行动，都要有先见之明。

68. 偏见的思维比无知更可怕。偏见是什么呢？就是只想看到自己“想看到的东西”。这比无知更可怕，因为无知者可以学习，偏见者却拒绝学习。

69. 不要欺骗自己，也不要欺骗别人。蒙上自己的眼睛，和蒙上别人的眼睛，结果是一样的。永远不要欺骗你自己，也不要去欺骗他人。因为你蒙住了自己的眼睛，不等于世界就漆黑一团了；你蒙住别人的眼睛，也不等于光明就属于你自己了。

70. 不会有永远的黑夜。再长的路也会有终点，再长的黑夜也会有尽头。因此，在失意时不要害怕，更不要绝望，只要耐心等一会，总能等到太阳，也总能解决眼前的问题。前提是，你始终没有失去信心。

71. 增强自己的适应能力。山不过来，你就过去。这就是适应能力。一个理性的态度是，去改变你能改变的东西，适应你无法改变的环境。当你适应环境时，环境中的不利因素其实就被你打败了。

72. 知道“放弃”，才配“得到”。如果你想知道未来自己可以得到什么，就必须先明白现在应该放弃什么。你现在能够放弃多少，将来就可以得到多少。

73. 最差的时候，是我们最好的开始。在我们跌到人生最低谷时，恰恰是面临转折的最佳阶段。这时候你要做的不是抱怨和哭泣，而是积累能量，准备迎接即将到来的爬升。这时候你若自怨自艾，必将坐失良机。

74. 创新的目的不是“新”，而是求变。创新就是求新，但更是改革和求变。创新不是排斥旧的东西，而是继承传统，同时追求新的突破。创新是内在的蜕化，也是让之前的成果进行质的飞跃。

75. 办法和理由。没有做不到的事，只有想不到的人。只要想干，你总会有办法；只要不想干，你总会有理由。这就是我们面对的现实，困难总是存在，问题是你想到的是方法还是理由。

76. 在任何领域，都要创造条件，充分发挥自己的优势。某种程度上，成功就是我们优势的发挥，而失败则是缺点的累积。所以，发挥你的优势，就等于成功了一半。你要集中全力在自己的长处上，对它进行强化，让它成为你无与伦比和不可取代的一种能力，然后去满足人们的需求。

77. 关注未来，而不是过去。以前，人们的观念是习惯往过去看，总结过去；但是现在，你要学会往前看，关注未来，让自己富有长远眼光，才能在未来的竞争中走到前面。

78. 改变看待财富的标准。今天的世界正发生着一种微妙的转变——财富变得越来越无形。你要看到的是，财富不仅是金钱，还是知识和观念，是思考的能力，是洞见的本领。

79. 学会利用互联网。学习互联网，而不是拒绝或轻视它；利用互联网，而不是沉溺于它。互联网是信息的交换平台，信息就是财富，就是收益。在今天的大数据时代，要懂得用信息去思考，用网络去放大信息的价值。

80. 思维的吸引力法则。人的思维是有吸引力的。不要总是畏惧某些东西，否则它们一定会发生。你要将思维的焦点放在自己的目标上，这样你才能成功地实现它。

81. 别被梦想绑架你的头脑。谨记这一条：不要成为你梦想的奴隶。再美丽的梦想，如果你只是空想，也达不到目标。你要让自己拥有实干精神，要理性地对待自己的梦想——懂得舍弃不切实际的目标，明白如何纠正它，而不是盲从于它。

82. 不用管别人说什么。如果你的目标已定，就不用在乎别人的眼光和口水。我们无法堵住别人的嘴巴，但却能掌握自己的行动。

83. 洞察生活的四条准则。第一准则，生活要有宽度；第二准则，生活要有深度；第三准则，生活要有热度；第四准则，生活要有速度。

84. 洞察工作的五个基础。第一基础，对工作要主动；第二基础，对工作要有行动；第三基础，工作起来要生动；第四基础，对工作要有带动性；第五基础，对工作要体现自己的感动。

85. 早成功胜过晚成功。有一个观念你必须明确：能早成功，就不要晚成功。只有缩短成功的过程，才能增加享受成功的时间。

86. 打开心门，让思想自由地施展。打开你的心门，让思想充分地释放，让它自由地关联一切事物。只有解放了自己的思想，才能唤醒内心的直观洞见，迸发出无限的灵感。

87. 让自己后来居上。在起跑时落后，并不一定就是一件坏事。因为先长出的眉毛，往往不如后长出的胡子长。前提是，你要逐渐提高自己的速度，在学习中让自己强大，然后后来居上，超越你的对手。如果一开始落后你就绝望了，那么你不但追不上对手，反而还会被后面的人挨个超越。

88. 放弃意味着你有了新的选择。如果抓住一件东西总是不舍得放手，那么你就只能拥有这一件东西。但如果你肯放手，则意味着同时获得了其他的机会。因此，在不得已需要放弃时，记住——这说明你有了新的选择，有了新的未来。

89. 不要空想，不要务虚。一个只会空想的人，他只能活在虚幻的困境中；一个只会务虚的人，他可能胸有锦绣文章，但一件实事也干不好。所以，要让自己成为一个务实的人，不仅思维要务实，行动也要务实，脚踏实地把事情做好。成为一个实干家，就是最宝贵的犀利。

90. 看到最难的两件事。在这个世界上，最难的事情只有两件：一是把别人口袋里面的钱放到自己的口袋里。二是把自己的想法放到别人的脑袋里。请问，你能同时做到这两件事吗？当你能做好这两件事情时，你就获得了了不起的成功！

91. 求证其实比怀疑重要。怀疑只是痛苦的开始，释疑才是快乐的开始。

因此，怀疑固然可以，求证更加重要。当你遇到问题时，与其长时间地怀疑，不如花较短的时间去求证结果，发现真相。

92. 从现在开始改变。现在比过去重要，也比未来重要。我们要用灵魂撞击命运，用观念超越梦想，用底线铺垫未来。过去和将来做什么并不重要，现在做什么才重要。为改变以后的命运，先改变现在，从现在开始行动！

93. 面对任何问题和事物，都不要恐惧。你必须把全部的精力投注到自己想要的东西上，而不是总注意自己在恐惧什么！否则，你的恐惧会一直都在，而且越来越强烈，直到最后把你击垮。

94. 参照一切条件，尤其是不利的因素。在做出决策时，你要想到一切不利因素，综合所有你能看到的条件，然后进行最后的决定。特别是对于企业来说，往往有大量的衡量要素，比如财务方面的、管理方面的、市场方面的。同时，我们还可以借鉴同行业的成功及失败的案例，将每一种因素均考虑在内，设立一些标准，设定一些底线，最后做出的决策就会比较理性，也能更符合实际情况。

95. 对棘手的问题发动“精英讨论”。对于重大问题的决策而言，“精英讨论”无疑是最重要的原则。比如一些闭门会议，可以是两到三人，也可以是三到五人。人们就讨论的主题互相交流意见及分享看法，汇总思路，提交决策参考，这能高效地做出最有利的决定，比集体讨论的效率高出很多。这一讨论的目的在于快速决断重要事项，而不是陷入无休无止的扯皮。

96. 创造性的构想。在团队中，激发进行创造性构想的思想活力，释放自己的创造力，并引领团队的集体创造力。一个原则就是为团队成员提供无限的想象空间，让每个人都能为团队献计献策，贡献出自己的智慧。

97. 不要相信概率。相信概率的表现在于，人们认为将来的一些可能性会因过去的事情而改变。但是事实却不是这样。就像你抛出一枚硬币，落下来时数字朝上的概率永远会是 50%，即便你抛出 100 次，它的概率都不会变。但有的人就可能觉得，概率一定会变，因为之前的 20 次都是数字朝上，他就觉得这个概率就是 100% 了。因此，在下次做出决策时，他可能相信自己一定成功，从而做出冒险性的决定。这在股市中格外常见，股民前几次投资都赚到了钱，就相信自己有很大的概率是会赚钱的，于是开始变得轻率和冒进。结果显而易见，他离赔钱不远了。

98. 不要被本能控制。某些坏习惯在生活中已经成了我们本能的一部分，对问题做出反应时凭借本能进行决策，从而使得事情变坏，或者问题更加糟糕。

99. 不要以偏概全。以偏概全是指你会凭借个别事件来对他人进行综合评断，却不考虑具体事件的成因。这种思维的错误在我们对员工的评估中时有发生。比如，你的一名下属在过去的一周中每天都迟到了半小时，你注意到这个现象，推断这个家伙有点懒惰并且对他的工作一点也不上心，认定他是一名坏员工，然后立马命令人力部门把他解雇。但事实可能是你料想不到的，因为他的迟到会有许多种原因：有可能他的车最近坏了，送去修理，只好搭乘公交车，可他住的地方离公司实在太远了；也有可能是他妻子生病了，他需要每天早晨先送妻子去诊所打针……诸如此类原因，你没有详细进行了解，就推断他是一个坏员工并且开除了他。

100. 任何时候都不要回避矛盾。遇到问题时，你总是遮住了双眼，去寻找逃避的理由？在处理矛盾时，我希望你摒弃盲目乐观或极端逃避的立场，遵守三项原则，将所有的情况列在桌面上，然后进行沟通，才能解决根本的问题。第一，面对当前的问题，不要试图回避矛盾。第二，目标是解决问题，而不是去证明对方的错误。第三，接受换位思考，而不是顽固地坚持本方立场。